BASTEI
LÜBBE

Über den Autor:

Norman Vincent Peale wurde am 31. Mai 1898 in Bowersville/Ohio, USA geboren. Nach einer journalistischen Ausbildung arbeitete er zunächst für das *Detroit Journal* und studierte dann Theologie an der *University School of Theology.* Er veröffentlichte zahlreiche Bestseller zu seiner Theorie des positiven Denkens, die in viele Sprachen übersetzt wurden. Er starb am Heiligabend 1993.

Von Norman Vincent Peale sind außerdem bei BASTEI-LÜBBE lieferbar:

66168 Lebe positiv!
66180 So hast du mehr vom Leben
66223 Die Kraft des positiven Denkens
66328 Leben kann Freude sein
66337 Nimm das Glück in deine Hand
66365 Das Abenteuer des Lebens
66366 Die Wirksamkeit positiven Denkens

NORMAN VINCENT

PEALE

Begeisterung wirkt Wunder

Wie Du mehr aus
Deinem Leben machst

Aus dem Amerikanischen von
Rosemarie Winterberg

BASTEI
LÜBBE

BASTEI-LÜBBE-TASCHENBUCH
Band 66367

Erste Auflage: März 1999

Originaltitel:
WHY SOME POSITIVE THINKERS GET POWERFUL RESULTS
Originalverlag: Thomas Nelson Inc., Nashville

Lizensausgabe im Bastei-Verlag Gustav H. Lübbe GmbH & Co.,
Bergisch Gladbach
Einbandgestaltung: Manfred Peters
Titelfoto: BAVARIA, Gauting
Satz: Textverarbeitung Garbe, Köln
Druck und Verarbeitung: Elsnerdruck, Berlin
Printed in Germany
ISBN 3-404-66367-5

Der Preis dieses Bandes versteht sich einschließlich
der gesetzlichen Mehrwertsteuer.

Sie finden uns im Internet unter
http://www.luebbe.de

Für
MYRON L. BOARDMAN
meinen langjährigen Freund und Kollegen,
in Liebe und Dankbarkeit

Inhalt

Vorwort

Liebe Leserin, lieber Leser!

Natürlich möchten Sie erfolgreich sein – in Ihrem Beruf, beim Verfolgen Ihrer Ziele, bei der Erhaltung Ihrer Gesundheit, in Ihrem persönlichen Leben überhaupt. Ich will Ihnen etwas Schönes sagen: Das können Sie haben. Wie das vor sich geht? Jahrelang habe ich erfolgreiche Menschen beobachtet und bin auf Grund von Tatsachen und Erkenntnissen zu dem Schluß gekommen, daß positive Denker unweigerlich auch zu positiven, ja, großartigen Resultaten gelangen.

Über den Zusammenhang zwischen positivem Denken und positiven Ergebnissen bin ich mir so sicher, daß ich meine, es habe mit einer unverrückbaren wissenschaftlichen Formel zu tun. In Worten ausgedrückt, würde die Formel lauten: Denke positiv, handle positiv, träume positiv, bete positiv, und glaube positiv, und die Resultate werden stark sein. Ihnen zu zeigen, wie man anhand dieser Formel zu Erfolgen gelangt, ist der Zweck dieses Buches.

Ich hoffe, Sie werden sich mit mir zu einem Team Leser-Autor zusammenschließen, indem Sie diese Seiten von Anfang bis Ende durchlesen. Ich habe praktische, gut durchführbare Methoden des positiven Denkens erarbeitet, die auch Ihr Leben sehr verbessern werden. In langjährigen Studien und Erfahrungen habe ich einige einfache Grundsätze entdeckt, deren Anwendung bei mir und vielen anderen ausgezeichnet funktioniert. Es ist mir auch ein Vergnügen, auf ein paar der erstaunlichen Dinge, die ich persönlich herausgefunden, vor vielen Jahren in »Die Kraft positiven Denkens« skizziert und später in weiteren Büchern ausgeführt habe, zurückzukommen. Wenden wir uns also einer aufregenden Frage zu, deren Beantwortung dem Leben jedes Menschen Auftrieb geben kann: Warum erzielen manche positive Denker so starke Erfolge?

Es ist mir ein Bedürfnis, den beiden Frauen, die mir bei diesem Manuskript so sehr geholfen haben, Dank und Anerkennung auszusprechen: meiner Sekretärin Sybil Light, die es gewissenhaft vorbereitet, und meiner Frau Ruth, die es mit großer Sachkenntnis redigiert hat.

NORMAN VINCENT PEALE

1. Kapitel

»Ich hab's geschafft«

Ich bin froh, daß ich noch nie imstande war, zu sagen oder auch nur zu denken, ich hätte es geschafft. Noch immer träume ich, plane ich, strebe ich, arbeite ich, und nach wie vor ist alles herrlich aufregend.

Wir hören oft jemanden sagen: »Endlich habe ich es geschafft!« Wenn von erfolgreichen Leuten die Rede ist, stellen wir bewundernd fest: »Jetzt ist er ganz oben – er hat's geschafft!« oder: »Diese Frau hat das große Los gezogen. Sie hat wirklich alles erreicht!«

Mir aber fällt manchmal etwas Trauriges an Menschen auf, die »es geschafft« haben: Irgend etwas scheint ihnen abhanden gekommen zu sein. Der Anreiz, der Schwung, die Motivation, die sie zur Spitze trieben, sind erlahmt. Die Spannung, das Glücksgefühl über etwas Erreichtes sind nicht mehr, was sie einst waren. Jetzt, da man es geschafft hat, ist die Herausforderung verblaßt, und die Freude, am Ziel anzulangen, entspricht wohl nicht ganz den Erwartungen. Ein besonders Erfolgreicher sagte denn auch: »Das Leben macht nicht mehr soviel Spaß. Keine Herausforderungen mehr, keine Probleme wie früher.«

Der Präsident und Generaldirektor eines der erfolgreichsten Unternehmen in Amerika hatte einen spektakulären Aufstieg erlebt. Mit fünfunddreißig Jahren war er der führende Mann in einer hart umkämpften Industrie. Er hatte es geschafft – so schien es wenigstens. Mit vierzig begann ihn das Ganze zu langweilen, und mit fünfundvierzig war »alles vorbei«, um seine persönliche Bewertung der Karriere zu zitieren. »Von jetzt an«, klagte er, »muß ich mich nur noch festhalten und den einen oder anderen Kerl daran hindern, mich vom Sessel zu schubsen. Es war sehr viel interessanter, solange ich mich hart durchboxen mußte. Das war die schönste Zeit meines Lebens. Jetzt ist es nicht mehr so.«

Es gibt aber Männer und Frauen, die anders eingestellt sind. Wenn sie ein Ziel erreicht haben, setzen sie sich ein neues und wiederholen das alte, bewährte Erfolgsmuster. Sie warten mit frischen Leistungen auf. Nachdem ihre alten Träume erfüllt sind, haben sie neue Träume, nehmen noch größere Herausforderungen, noch aufregendere Ziele in Angriff. So bleibt ihnen die Freude am Leben und Arbeiten und am Siegen erhalten. Ihre Begeisterung läßt nie nach. Ständig erleben sie Neues, Spannendes. Immer sind sie strebsam, eifrig, kreativ. Sie haben es nie geschafft, sie sind stets auf dem Weg dazu.

Die wahre Würze, das echte Vergnügen, die anhaltende freudige Erregung liegt nicht im »Geschafft-Haben«, sondern im »Schaffen«. Glücklich ist, wer ein Ziel verfolgt, nicht wer sich zur Ruhe setzt, um das Erreichte zu genießen. Glücklich ist, wer sich ein weiteres Ziel setzt und es in ungebrochen kämpferischem und erfinderischem Geist zu erreichen trachtet.

Glücklich sind die Menschen, welche die Spannung des Verfolgens neuer Ziele nie verlieren, die immer etwas noch Besseres zustande bringen wollen. Wenn Sie einen Sieg errungen haben, einen großen oder auch nur einen mäßigen, geraten Sie leicht in Versuchung, sich auf Ihren Lorbeeren auszuruhen. Vorsicht! Wenn Sie das tun, sind vielleicht bald keine Lorbeeren mehr da. Und was wichtiger ist: Wahrscheinlich ist auch die Freude des Bemühens nicht mehr da.

Einer der glücklichsten Menschen, die ich je kannte, war der verstorbene Amos Parrish, wohl der beste Experte in Verkaufsideen der ganzen Warenhausindustrie. Obwohl er sein Leben lang stotterte, drängten sich alljährlich die Kaufhausdirektoren im Ballsaal eines riesigen New Yorker Hotels, um A. P.s Vorträge über Marketing zu hören. Eine hervorragende, eine bemerkenswerte Leistung – aber das war nur eines seiner verwirklichten Ziele. Auch im Alter blieb sein Geist wach und förderte ständig neue, verblüffende Ideen zutage. Wenn ich ihn zu irgendeinem Großerfolg beglückwünschte, wischte er die Komplimente beiseite: »Hören Sie bloß, an welcher Idee ich jetzt arbeite. Die ist ein wahres G-g-goldstück!« stammelte er aufgeregt.

Als ich hörte, er liege – mit vierundneunzig Jahren – im Sterben, rief ich ihn an. Ich hatte ihn immer sehr gern und verdanke ihm viel, denn er hat mich stets inspiriert. »Hallo!« sagte er mit seinem gewohnten Enthusiasmus. »Ich hab' eine neue Idee. Eine Prachtidee!« Und er umriß in groben Zügen sein neuestes Ziel. Vom Sterben war natürlich mit keinem Wort die Rede, nur vom wunderbar Spannenden des Lebens. Aber zwei Tage danach starb er an einem fortgeschrittenen Leiden. A. P. hatte es nie wirklich geschafft, auch als höchst erfolgreicher Geschäftsmann nicht. Er war ohne Unterlaß auf neuen Wegen und genoß gerade dadurch sein Leben in vollen Zügen.

Dieser einmalige, unvergeßliche Mensch ruft mir einen anderen, ebenfalls bemerkenswerten Freund in Erinnerung, den berühmten Baseball-Chef Branch Rickey. Er leitete nacheinander die Saint Louis Cardinals, die früheren Brooklyn Dodgers und die Pittsburgh Pirates. Sein Buch *The American Diamond* ist ein Klassiker der Baseball-Literatur. Bei einem Bankett zur Feier seiner fünfzigjährigen Tätigkeit im Baseball fragte ihn ein Reporter: »Was war das schönste Erlebnis Ihres halben Jahrhunderts in diesem großen amerikanischen Sport?« Rickey zog die buschigen Augenbrauen zusammen und erwiderte kurz angebunden: »Weiß ich nicht. Hab's noch nicht gehabt« Trotz seiner vielen hervorragenden Erfolge hatte der Mann nie das Gefühl, am Ziel zu sein. Für ihn war immer alles erst im Gange. Die Folge war, daß seine Karriere von einer hohen Stufe zur nächsten führte, ohne daß es je zu einem Stillstand gekommen wäre.

Vor kurzem hielt ich an einem Sonntagmorgen die Festrede in der Kristallkathedrale in Garden Grove, Kalifornien. Das beeindruckende Gebäude war brechend voll mit Angehörigen einer Gemeinde, die nach Meldungen der Presse elftausend Menschen umfaßte, welche in zwei Schichten hier den Gottesdienst besuchten und außerdem jeden Hörsaal auf dem Campus füllten. Diese gewaltige Kirche aus Glas und Stahl, umgeben von einer Gartenlandschaft mit sprühenden Fontänen, ist die geistliche Heimat von Millionen, die ihre Botschaft allwöchentlich über das Fernsehen empfangen.

Anlaß meiner Anwesenheit war der dreißigste Jahrestag von Dr. Robert Schuller, dem Pfarrer, der mit fünfhundert Dollar und einem großen Glauben als Startkapital diese Riesenkirche baute. An diesem Sonntag gab er Pläne für ein weiteres Zentrum für die Bedürfnisse von Familien bekannt. Man hätte annehmen können, daß auch er es geschafft habe, doch für eine einzigartige Gruppe von positiven Menschen gibt es, aufbauend auf dem bereits Erreichten, immer neue Ziele.

Was Sie auch alles getan haben, um Ihre Pläne zu verwirklichen, Sie können noch mehr tun; allem, was Sie bisher erreicht haben, können Sie weitere lockende Ziele hinzufügen. Ich möchte Sie erinnern – wenn Sie daran überhaupt erinnert werden müssen –, daß Ihre Zukunft vor Ihnen liegt, vollgepackt mit herrlichen Gelegenheiten aller Art. Sie haben es noch nicht geschafft, so hervorragend Ihre Leistungen auch sein mögen. Das Beste, Ihr Bestes, kommt erst noch. Halten Sie sich nicht damit auf, Ihre vergangenen Großtaten zu betrachten und sich zu sagen: »Nicht übel, wirklich gar nicht übel. Ich hab's geschafft!« Sagen Sie sich vielmehr, daß alle Ihre prächtigen Leistungen nur ein Hinweis darauf sind, was Sie zu tun vermögen. Glauben Sie, glauben Sie jederzeit, und zweifeln Sie nie daran, daß Ihre Zukunft lockend vor Ihnen ausgebreitet liegt. Dann werden Sie von einer Stufe zur andern fortschreiten, in einem beständigen Lebensmuster von Wachstum und Weiterentwicklung.

Ein wesentlicher Leitsatz im amerikanischen »Way of life« lautet, daß bei den von der Demokratie gebotenen freien Entwicklungsmöglichkeiten jeder einzelne so hoch aufsteigen kann, wie es sein Glaube und seine Begabung erlauben. Dabei hat sich erwiesen, daß die Qualität des Glaubens und Denkens eines Menschen wichtiger ist als das Talent. Tatsächlich haben Glauben und Denken schon oft Talente freigesetzt, von denen man zuvor gar nichts ahnte. Seit mir die Bedeutung dieser Zusammenhänge klargeworden ist, habe ich schon viele Leute überzeugen können, daß sie mit positivem Denken und mit dem Glauben an Gott und an sich selbst imstande sind, außerordentliche Fähigkeiten aus sich herauszuholen. Durch diese Methode sind manche scheinbar gewöhnlichen Menschen zu ganz außergewöhnlichen Persönlichkeiten geworden. Aber abgesehen von allem, was ich und andere Autoren auf dem Gebiet der Anregung und Motivation erreicht haben mögen, hat das geistige Klima Amerikas an sich schon erstaunliche Lebensläufe hervorgebracht.

In einer Stadt des Mittleren Westens waren meine Frau Ruth und ich im erlesen schönen Heim eines überaus erfolgreichen Geschäftsmannes zu Gast, der ein neuartiges, berühmtes Unternehmen aufgebaut hat. Zuvor hatte ich ihm den Horatio Alger Award übergeben dürfen, mit dem verdiente Amerikaner ausgezeichnet werden, die aus der Armut in Positionen von Ehre und Einfluß aufgestiegen sind.

»Wo sind Sie geboren, Dave?« fragte ich unseren Gastgeber.

»Das weiß ich nicht. Atlantic City, glaube ich«, war seine überraschende Antwort. »Ich weiß auch nicht, wer meine Eltern waren. Ich war ein Waisenkind und wuchs bei Pflegeeltern auf. Dann wurde ich mit nur ein paar Dollars in der Tasche in die Welt hinausgeschickt.« Nach vielen Wechselfällen bekam der Waisenknabe einen Job als Kellnerlehrling bei einem Restaurantbesitzer in Fort Wayne, Indiana.

Dave, der hart arbeiten, aber auch klar denken konnte, machte seine Sache gut. Schließlich schickte ihn sein Chef in ein kleines, schlechtgehendes Restaurant in Columbus, Ohio, um zu sehen, was da zu machen wäre. Dave hatte keinen Erfolg mit diesem Lokal, bis er merkte, daß er zu viele Dinge auf der Speisekarte hatte, die einen großen Aufwand erforderten, so daß es kaum möglich war, einen Profit zu erzielen. Mit einer eingeschränkten Speisekarte schaffte er die Wende. Er nahm seine Gewinne und eröffnete ein Hamburger-Restaurant, denn er liebte Hamburger seit seiner Kindheit. Er gab dem kleinen Lokal den Namen einer seiner Töchter, Wendy, und es lief immer besser. Dave Thomas verwendete stets das beste Rindfleisch, fügte immer wieder neue Zutaten bei und schuf attraktive Absatzmöglichkeiten. Er setzte seinen klugen Kopf und seinen starken Glauben so gut ein, daß die Wendy-Kette heute aus rund 3200 Restaurants besteht und in diesem Geschäftszweig die Spitze übernommen hat.

Sollten Sie Dave Thomas fragen, ob er es geschafft hat, womit Sie meinen, die Möglichkeiten seiner Entwicklung seien ausgeschöpft, dann bekämen Sie ein klares Nein zu hören. Männer seiner Statur gehören zu den Leuten, die die amerikanische Wirtschaft ständig verbessern. Sie sind ewig neue Zielsetzer, die zu immer höheren Leistungsstufen weitergehen.

Es hat sich ergeben, daß ich in einem Sektor tätig bin, den man das Redegeschäft nennen könnte. Das heißt, ich nehme viele Engagements an, vor bundesstaatlichen und nationalen Geschäftskonferenzen, Gemeindeversammlungen und anderen Tagungen zu sprechen. Schon vor langern wurde mir klar, daß man es in diesem Tätigkeitsbereich nie »geschafft« hat. Egal, wie lange man schon gesprochen und wie gut man seine Sache gemacht hat, das heutige Engagement allein ist dasjenige, das zählt. Diese heutige Rede mußt du so gut halten, wie du nur immer kannst. Dein guter Ruf mag das Publikum zu deinen Gunsten voreinnehmen, aber das hält nur wenige Minuten vor. Du wirst von *diesen* Zuhörern nach dem beurteilt, was du an diesem Abend leistest.

Bei einer nationalen Betriebstagung, auf der ich zu sprechen hatte, plauderte ich vor Beginn der Veranstaltung mit einem jungen angehenden Redner. »Wie lange halten Sie schon Vorträge?« wollte er wissen.

»Etwa fünfzig Jahre«, antwortete ich.

»Mann, da haben Sie Glück! Sie haben es geschafft. Und ich werde es bald auch geschafft haben.«

»Tut mir leid«, wehrte ich ab, »aber ich hab's nicht geschafft. Ich muß diese Rede halten, als hätte ich noch nie zuvor gesprochen, und ich muß diesem Publikum alles geben, wozu ich fähig bin.«

Jahre später trat ich einmal im gleichen Programm auf wie dieser Redner, der inzwischen älter und weiser geworden war. »Ich weiß jetzt, was Sie damals in Chicago gemeint haben«, gestand er. »Jedesmal, wenn ich glaube, ich hätte es geschafft, falle ich bei einem Vortrag auf die Nase und fühle mich wieder als totaler Anfänger.«

»Wem sagen Sie das«, erwiderte ich wehmütig, und in diesem Augenblick waren wir wie alte Kameraden.

Was ist also das erfolgreichste Prinzip des Zielsetzens und Zielerreichens? Lassen Sie mich vorerst ein paar Regeln aufstellen, von denen ich weiß, daß sie wirksam sind, und auf die ich anschließend näher eingehen will.

1. Überlegen Sie sich, wohin Sie im Leben gelangen wollen.
2. Treffen Sie eine klare Entscheidung in bezug auf Ihr wesentlichstes Ziel.
3. Formulieren Sie dieses Ziel knapp und deutlich in einer schriftlichen Erklärung, und lassen Sie dabei alle verschwommenen Gedankengänge weg.
4. Studieren und lernen Sie, soviel Sie können, in bezug auf Ihr Ziel und die Wege, die dazu führen.
5. Setzen Sie sich eine Frist zur Erreichung des Zieles.
6. Beten Sie um Klarheit, ob Ihre Entscheidung die richtige ist. Wenn sie nicht richtig ist, ist sie falsch, und etwas Falsches kommt nie richtig heraus.
7. Gehen Sie mit vollem, unermüdlichem Einsatz auf Ihr Ziel zu, und geben Sie niemals auf.
8. Wenden Sie positives Denken an.
9. Bilden Sie sich nie ein, Sie hätten es geschafft. Ein erreichtes Ziel führt zu einem nächsten und weiter und immer weiter.

Eine Technik, die ich für mich selbst entwickelt habe, ist die, daß ich mir ein Ziel auf ein Kärtchen schreibe und dieses in meiner Hemdentasche bei mir trage – auf dem Herzen, dem althergebrachten Sitz der Gefühlsreaktionen. Mein Ziel ist es – das habe ich in meiner Jugendzeit beschlossen –, so vielen Menschen wie möglich zum Ausleben ihrer besten Möglichkeiten zu verhelfen, indem ich sie dazu bringe, positiv zu denken, zuversichtliche Gläubige zu werden. Vor vielen Jahren schrieb ich dieses Ziel auf eine Karte, die ich seither stets in meiner Hemdentasche trage. Von Zeit zu Zeit hatte ich daneben auch andere Ziele, die ich ebenfalls auf Kärtchen festhielt, so daß meine Hemdentasche zuweilen voll von Zielen war. Wenn ich sie jeweils erreichte, wurden die entsprechenden Kärtchen entfernt. Gelegentlich schrieb ich auch Karten von befreundeten Leuten ab, die wie ich die Hemdentaschentechnik anwandten, trug sie bei mir und schloß sie in mein Gebet ein.

Ich habe diese Methode schon oft in Vorträgen bei Geschäftskonferenzen geschildert, und viele wandten sie daraufhin mit Erfolg an. An einer nationalen Zusammenkunft von Versicherungsleuten zum Beispiel, wo ich die Hemdentaschentechnik skizzierte, nahm ein junger Mann teil, der ein eifriger Agent war und dennoch auf keinen grünen Zweig kam. Mein Vortrag überzeugte ihn, daß der Hauptgrund für seinen fehlenden Erfolg darin lag, daß er im Grunde nicht erwartete, Rekordergebnisse zu erzielen. Er beschloß, eine positivere Einstellung zu gewinnen, sich selbst als jemanden zu sehen, der zu besseren Resultaten fähig ist.

Die Tagung fand bald nach Neujahr statt. Nach dem Vortrag ging er in sein Hotelzimmer und hielt »eine gute, unbarmherzige Denkstunde« ab, wie er mir später sagte. Auf der Stelle setzte er sich ein Verkaufsziel für das eben angelaufene Jahr, eine Zahl, die ihm »den Atem verschlug«, ging sie doch weit über alles hinaus, was er je zustande gebracht hatte. Auf die Karte, die er das ganze Jahr in seiner Hemdentasche trug und die, daran zweifelt er nicht, viel zu seinem Erfolg beigetragen hat, schrieb er:

Ich stelle mir dieses Jahr als mein bestes vor.
Ich bekräftige Begeisterung, Energie und Freude an meiner Arbeit.
Als positiv Denkender glaube ich daran, daß ich zehn Prozent mehr leisten werde als letztes Jahr.
Gott wird mir helfen, dieses Ziel zu erreichen.

»Und was für ein Ergebnis hatten Sie am Ende des Jahres?« fragte ich.

»Ob Sie's glauben oder nicht«, antwortete er, »ich habe die zehnprozentige Verbesserung glatt geschafft. Ohne Ihre Hemdentaschentechnik würde ich mich noch heute auf einer der untersten Leitersprossen unserer Agentur abstrampeln. Ich bin fest überzeugt, daß die Karte mir eine neue, positive Einstellung brachte, mit der ich ein Talent aus mir herausholte, von dem ich gar nichts gewußt habe. Jedenfalls geht es jetzt mit mir aufwärts.«

»Wie fühlten Sie sich, als Sie sich diese zehnprozentige Erhöhung vornahmen – eine wirklich erstaunliche Zahl?«

»Ach, wissen Sie, es ist komisch, aber ich wußte einfach, daß es möglich war. Ich bin ein gläubiger Christ, und jeden Tag sagte ich mir: »Ich vermag alles durch den, der mich mächtig macht, Christus« (Phil. 4,13), oder: ›So ihr Glauben habt wie ein Senfkorn … wird euch nichts unmöglich sein‹ (Matth. 17,20).« Dann fügte er hinzu: »Diese biblischen Verheißungen stimmen wirklich. Das weiß ich jetzt sicher, denn für mich stimmen sie.«

»Sie haben es also geschafft?« sagte ich bewundernd, aber mit einem Fragezeichen in der Stimme.

»O nein, das nicht. Ich stehe erst am Anfang meines Weges, und ich muß noch schrecklich viel lernen. Das alte Versagermuster steckt noch in mir drin und könnte die

Oberhand gewinnen, wenn ich nicht aufpasse. Aber ich lasse mich nicht in ein falsches Gefühl der Sicherheit wiegen, indem ich mir sage: ›Ich hab's geschafft.‹«

Kluger Junge! Er machte aus seiner Unsicherheit eine kreative Motivation.

Kehren wir zu den neun Regeln zurück. Der Schwerpunkt liegt darin, daß man bestimmt weiß, wohin man gelangen will, und daß es wichtig ist, sich einen festen Termin zu setzen. Diese Art der entschlossenen Ausrichtung auf ein Ziel halte ich für wesentlich. Wenn Sie genau wissen, wohin Sie gelangen wollen und bis wann, dann bieten Sie geistig die ganze enorme Stärke Ihrer Persönlichkeit auf und lenken sie auf die Unterstützung Ihrer Zielsetzung hin.

Ich möchte an dieser Stelle wieder einmal ein Beispiel zitieren, mit dem ich schon oft die Kraft verdeutlicht habe, die diesem Prinzip innewohnt. Beim Golfspiel schlug ich einmal den Ball ins hohe Gras neben dem Fairway. Ein junger Bursche, der dort Laub harkte, half mir höflich meinen Ball suchen. »Eigentlich, Dr. Peale«, druckste er dabei herum, »hätte ich gern einmal mit Ihnen über mich gesprochen.«

»Wann?« wollte ich wissen.

Erschrocken sagte er: »Oh, ich meine nicht jetzt gleich. Einfach irgendwann einmal.«

»Irgendwann einmal kommt selten«, erwiderte ich. »Treffen Sie mich in etwa einer halben Stunde beim achtzehnten Loch, und dann reden wir.« Als wir später im Schatten eines Baumes saßen, fragte ich nach seinem Namen und forschte: »Und was haben Sie im Sinn?«

»Ach, ich weiß nicht. Ich möchte halt irgendwo hinkommen.«

»Wohin?« hakte ich nach. »Wo genau wollen Sie hinkommen?«

Er blickte hilflos drein. »Das weiß ich doch nicht. Ich weiß nur, daß ich von hier anderswohin will. Wohin genau, weiß ich nicht.«

»Und wann gedenken Sie dort hinzugelangen, wohin Sie nicht wissen?«

Verwirrt, vielleicht sogar ein wenig irritiert über diese Fragen, murrte er: »Wie soll ich das wissen; Einfach irgendwann. Irgendwann will ich irgendwo hinkommen.«

Dann fragte ich ihn, was er am besten könne, und er antwortete, daß er auf keinem Gebiet besonders gut sei und nicht wisse, was er am besten könne. Auf meine Frage, was er denn am liebsten tue, dachte er eine Weile nach und meinte dann, er wisse es nicht.

»Also, wie ich Ihre Lage sehe, ist sie folgendermaßen: Sie wollen irgendwo hingelangen, aber Sie wissen nicht, wohin. Und Sie wissen nicht, wann Sie dort ankommen wollen. Außerdem wissen Sie weder, was Sie am besten können, noch, was Sie gern tun. Stimmt das?«

Er nickte trübsinnig. »Bin wohl ein totaler Versager.«

»Keineswegs. Sie sind bloß unorganisiert, ziellos. Sie haben ein angenehmes Wesen, einen guten Kopf und den Wunsch, sich zu verbessern, und dieser Wunsch versucht Sie anzutreiben. Ich mag Sie, und ich glaube an Sie.«

Ich schlug ihm vor, vierzehn Tage lang über seine Zukunft nachzudenken, sich definitiv für ein Ziel zu entscheiden und dieses Ziel mit möglichst wenigen Worten zu notieren. Dann sollte er ausrechnen, wann er vernünftigerweise erwarten könne, sein Ziel zu erreichen. Ich bat ihn, diese Entscheidung auf eine Karte zu schreiben und dann wiederzukommen und mir darüber zu berichten.

Prompt tauchte nach zwei Wochen ein zumindest in seiner Geisteshaltung völlig veränderter junger Mann bei mir auf: zielgerichtet und besser organisiert. Er wußte, was er wollte: Betriebsleiter werden in der Firma, in der er arbeitete. Er erklärte mir, daß der jetzige Betriebsleiter in fünf Jahren pensioniert werde und sein Ziel sei es, dann diese Stellung angeboten zu bekommen. Er entwickelte in diesen fünf Jahren ein solches Know-how und solche Führungsqualitäten, daß, als die Stelle schließlich frei wurde, gar kein anderer Bewerber in Frage kam.

Ich darf hinzufügen, daß er heute, etliche Jahre später diese Position noch immer innehat und für seine Arbeitgeber unentbehrlich geworden ist. Das Ziel, für das er sich nach unserem Gespräch auf dem Golfplatz entschied, hat er erreicht. Er ist glücklich und zufrieden.

Eine Kombination von Zielsetzung, positivem Denken, genauen Vorstellungen und Glauben führt bei den meisten Problemen, mit denen sich jeder von uns herumschlagen muß, zu einem erfolgreichen Ausgang. Wer etwas erreichen will, wie auch immer seine Lage sein mag, sollte diese vier schöpferischen Faktoren in die Praxis umsetzen.

Besonders wichtig ist eine bewußte Korrektur des Lebens, wenn scheinbar so viele Dinge eine Wende nötig haben: die Einstellung, die Gesundheit, die Persönlichkeit. Zuweilen bricht das Leben unter verschiedenartigem Druck an mehreren Stellen ein. Statt daß man es geschafft hat, erscheint alles ungeschafft, manchmal sogar alles auf einmal.

Ein perfektes Beispiel dafür ist der Mann, den ich anläßlich eines Vortragsengagements in einer kanadischen

Stadt kennenlernte. Selten habe ich einen dynamischeren, positiveren und sichtlich glücklicheren Menschen getroffen. Er hatte den Vorsitz über die Versammlung von rund zweitausend Teilnehmern, und sein Schwung, seine Einstellung machten mir ungeheuren Eindruck. Schließlich sagte ich aus reiner Neugier: »Sie sind phantastisch. Sagen Sie bloß, wie sind Sie so geworden?«

»Das ist eine lange Geschichte«, antwortete er, »aber ich will sie Ihnen zuliebe abkürzen. Alles in meinem Leben schien gleichzeitig auseinanderzufallen. Alles lief falsch. Es war, wie ich später merkte, weil ich selbst, als Mensch, auseinandergefallen war. *Ich* lief falsch. Meine besorgte Frau versuchte alles, um mich aufzurichten und die verfahrene Situation zu verbessern. Zuletzt erinnerte sie sich an Ihr Buch »Die Kraft positiven Denkens« und bat mich, es zu lesen. Der Titel sprach mich irgendwie an, aber als ich sah, daß es darin auch um Religion ging, legte ich es weg! denn von Religion, Pfarrern, Kirche wollte ich nichts wissen. Doch angestachelt von meiner Frau, an der ich sehr hänge, nahm ich es wieder zur Hand und beschloß, das Religiöse einfach zu überspringen und bloß die nüchtern-praktischen Teile zu lesen. Dann aber las ich alles, Wort für Wort, samt Religion.«

Seine Frau, die das mitangehört hatte, fügte hinzu: »Und nun sehen Sie sich diesen Prachtmenschen an! Für ihn brach alles auseinander, aber Gott fügte durch Ihr Buch alles wieder zusammen.«

»Ja«, sagte er, »aber ich habe eine Idee ausgearbeitet, die besser ist als alles, was in Ihrem Buch steht. Und nur um Ihnen zu beweisen, wie hoch ich einschätze, was Sie für mich getan haben, gestatte ich Ihnen, diese Wunderidee in Ihr nächstes Buch aufzunehmen.«

Hier also ist sie: »Eines Tages«, erzählte er, »kam mir der Gedanke, daß ich mit Gottes Hilfe größer sei als alles, was mir zustoßen könne. Das führte zu einem Leitspruch, den ich täglich anwende: Ich richte mich zu voller Höhe auf und sage: ›Ich leugne die Macht der Gegenkräfte.‹ Wohlgemerkt, ich leugne nicht die Gegenkräfte, aber ich leugne ihre Macht.«

»Sie sind dem Ziel so nahe wie nur irgend jemand, den ich kenne«, sagte ich, »denn Sie sind offensichtlich Herr Ihrer Lebenslage geworden.«

»Wollen Sie wissen, wann?« gab er zurück. »Ich will es Ihnen sagen: ausgerechnet im religiösen Teil Ihres Buches, den ich Trottel auslassen wollte. Ein Heiliger bin ich gewiß nicht, aber heute ein gläubiger Mensch. Insofern glaube ich tatsächlich, auf dem Weg zum Ziel zu sein, auch wenn ich noch weit zu gehen habe.«

Kommen wir nun auf die vier vorher erwähnten wichtigen Faktoren zurück, auf die es ankommt, wenn alles gut ausgehen soll: Zielsetzung, positives Denken, genaue Vorstellungen und Glaube. Mit dieser Kombination läßt sich fast jede widrige Situation zum Besten wenden. Ein großes Problem hängt mit der Gesundheit zusammen. Nach den Briefen zu urteilen, die wir in unserem Büro erhalten und die in die Tausende gehen, möchte ich sagen, daß die Gesundheit das Problem Nummer eins ist. Geld- oder Berufsprobleme kommen an zweiter Stelle, Eheprobleme an dritter. Gesundheitliche Schwierigkeiten zu überwinden und sich körperlich wohl zu befinden ist der größte Segen dieses Lebens. Gesundheit ist etwas zutiefst Kostbares.

Gesundheitlich auf der Höhe zu sein ist etwas, das sich jeder wünscht. Ein Zusammenspiel von zuviel Alkohol und Essen, unaufhörlichem Rauchen und starker Anspannung hatte die einst robuste Gesundheit eines Freundes untergraben, den ich Joe nennen will (er hat mir erlaubt, seine Geschichte wiederzugeben, wenn ich seinen richtigen Namen verschweige). Joe war dick geworden und litt unter hohem Blutdruck. Mit hochrotem Gesicht schnaufte er mühsam die Treppen hoch. Schließlich redete sein Arzt mit ihm Fraktur: Joe könne wieder gesund werden, sofern er seinen Alkohol- und Zigarettenmißbrauch, seine Fresserei und seine Spannungszustände in den Griff bekomme. »Aber«, schloß der Arzt, »ich weiß nicht, ob Sie den Mumm haben, zu einer gesunden Lebensweise zurückzukehren.«

Der Arzt wußte, daß diese Bemerkung Joe ärgern würde, denn der ist einer jener »starken Männer«, die glauben, sie könnten einfach alles. Joe reagierte denn auch prompt damit, daß er sein Trinken, Rauchen und seinen Streß ganz gut unter Kontrolle brachte, doch das Problem mit dem Essen erwies sich als sein Waterloo. Er konnte sich bei Tisch einfach nicht mäßigen. Er probierte eine Diät nach der anderen aus, doch keine funktionierte. Der Grund dafür war einfach: Er führte keine wirklich konsequent durch. Er mußte sich doch dafür schadlos halten, daß er Schnaps und Zigaretten aufgab, nicht wahr? Das steckte hinter seiner übermäßigen Eßlust.

Der Arzt sagte: »Positives Denken und geistige Behandlung, das ist es, was Sie nötig haben. Und, Joe, Sie müssen mindestens vierzig Pfund abnehmen. Wenn Sie das schaffen, zusätzlich zu dem, was Sie bereits getan haben, dann wird Ihr Blutdruck mit Sicherheit hinuntergehen.«

Vielleicht sollte ich noch erklären, daß der Arzt und Joe und ich miteinander befreundet sind; das war wohl der

Grund, weshalb er ihn zu mir schickte. Als Joe mich aufsuchte, blickte er trübe in die Zukunft.

»Ich kann meine Eßgewohnheiten einfach nicht ändern. Ich wüßte nicht, wie ich vierzig Pfund loswerden könnte«, klagte er.

»O doch, du kannst. Ich weiß, daß du's kannst. Mir hat man einmal gesagt, ich müsse fünfunddreißig Pfund abnehmen, und ich hatte auch dieses Gefühl, daß es unmöglich sei. Aber dann stellte ich mich geistig anders ein und ging die Sache positiv an. Die Pfunde purzelten, der Blutdruck sank, und ich war gesund wie noch nie, genau wie du es bald sein wirst. Also, bist du bereit?«

»Was habe ich schon für eine Chance, wenn der Doktor und du sich gegen mich verschwören?« knurrte er.

»Nicht gegen dich, für dich«, stellte ich richtig. »Also, Joe, ich will dir bei folgendem helfen: Setz dir ein Ziel, praktiziere positives Denken, stell dir die Ergebnisse plastisch vor, und glaube fest daran.« Wir zogen von seinen damaligen 200 Pfund 40 ab und kamen so auf gesunde 160.

»So ein Gewicht habe ich seit dem College nicht mehr gehabt!«

»Na, und?« sagte ich. »Werden wir eben wieder stromlinienförmig jugendlich.« Er verzog das Gesicht.

Als nächstes wandten wir uns dem Termin zu. Wann sollte er das Ziel erreicht haben? Wir setzten ein Datum neun Monate später fest. Dann entwarfen wir ein Bild von ihm als einem 80-Kilo-Mann. Er sollte sich vor Augen halten, wie er aussehen würde ohne diesen Wulst um die Mitte, mit Kleidern, die schön lose um seine hochgewachsene Figur (1,85) fielen. Und, was das Beste war: Dieses Bild war frei von Schuldgefühlen, die er wegen seines maßlosen Essens gehabt hatte.

Das letzte, worüber wir sprachen, war die Notwendigkeit, »Die Kraft positiven Denkens« noch einmal zu lesen. Er murrte dagegen, aber ich bestand darauf: »Du mußt glauben, du mußt wissen, daß du das schaffst. Und du wirst eine tüchtige Dosis Glauben brauchen, um so zu werden und zu bleiben, wie die Gewichtstabelle der Versicherung dich haben will; auf 160 Pfund. Vergegenwärtige dir den künftigen Blutdruck als normal. Sag dir jeden Tag: ›Mit Gottes Hilfe wird mein Blutdruck tiefer, tiefer, tiefer, und die Pfunde gehen weg, weg, weg.‹«

Joe wurde vom Schwung seiner Schlankheitskur mitgerissen. Körperliche Erneuerung begann ihn zu begeistern. Ohne daß er dessen gewahr wurde, fing auch eine geistige und seelische Erneuerung an. Er erreichte sein Ziel in der festgelegten Frist. Er fühlte sich besser denn je. Er erzählte allen, die es hören wollten, sein Blutdruck sei der eines Einundzwanzigjährigen.

»Gewichtsmäßig habe ich es geschafft«, sagte er eines Tages, als wir bei einem Mittagessen aus klarer Brühe, Hüttenkäse und Sülze beisammensaßen. »Ich hab's geschafft ... dank dem Doktor und dir und«, fügte er zu meiner Überraschung hinzu, »dem Herrn Jesus Christus.« Vor Verlegenheit errötete er selber ein bißchen, denn er war noch nie ein Mann der frommen Sprüche gewesen. Aber fast kampflustig fuhr er fort: »Ich habe den ganzen Weg zu den 160 Pfund gebetet.«

Also: Benennen Sie Ihr Ziel, und wenden Sie die positiven Prinzipien an. Der Tag wird kommen, an dem Sie dankbar sagen: »Ich hab's geschafft.« Aber wählen Sie dann ein weiteres Ziel.

2. Kapitel

Glaubensstärke bringt starke Ergebnisse

Born to lose – zum Verlieren geboren. An dieser ultranegativen Feststellung blieb mein Blick hängen, als ich durch eine krumme, kleine Straße in Kaulun, Hongkong, schlenderte. Ich starrte auf die Worte im Fenster einer Tätowierbude. Anscheinend war das einer der Slogans, die sich Kunden auf den Körper tätowieren lassen konnten. Auch Flaggen, Meerjungfern und andere der üblichen Tätowierungen wurden angeboten. Verwundert betrat ich den Laden und fragte den Chinesen: »Läßt sich tatsächlich jemand ›Zum Verlieren geboren‹ in sein Fleisch schreiben?«

»Ja, einige.« Dann aber tippte er sich an den Kopf und fügte in gebrochenem Englisch hinzu: »Vor Tätowierung auf Brust, Tätowierung in Kopf.«

Das Versagen beginnt in den Gedanken, wenn man die Vorstellung hegt, man sei tatsächlich unfähig, ein geborener Verlierer. Wirken Sie also dem Versagen entgegen, entwickeln Sie die Fähigkeit, zu glauben. Sagen Sie sich klipp und klar: »Ich bin geboren, um zu gewinnen.« Dazu brauchen Sie nur zu glauben, denn Sieger sind immer Glaubende. Verlierer haben nie einen echten Glauben.

Glauben an was denn? Die Antwort ist: Glauben an Gott, an das Leben, an die Zukunft, an den Ehepartner, an die eigenen Kinder, an seinen Beruf, an sein Land und letztlich, wenn auch gewiß nicht als letztes, an sich selbst. Ein Mann wandte einmal ein, als er mich das sagen hörte: »Ja, ich glaube an Gott, aber gerade als Gläubiger bin ich demütig und daher kein Ichgläubiger.«

»Nun«, erwiderte ich, »wenn Sie nicht an sich glauben, glauben Sie auch nicht sehr an Gott. Er hat Sie doch geschaffen.« Und ich zitierte einen Anschlag, den ich in unserem Drugstore in Pawling, New York, gesehen hatte, auf dem ein strammer kleiner Bub sagte: »Ich glaube an mich, denn Gott hat mich gemacht, und ER macht keinen Mist.«

Ein namhafter amerikanischer Gelehrter, einer unserer weisesten, war William James, Professor der Philosophie, Anatomie und Psychologie, also sozusagen Professor für Geist, Körper und Seele. (In seinem umfangreichen Wissen über Persönlichkeit und Lebenserfolg steht er wohl auf einer Stufe mit Emerson und Thoreau.) Und so schätzte William James den Glauben ein: »Glauben am Beginn eines unsicheren Unternehmens ist das eine, das den Erfolg jedes Vorhabens garantiert.«

Was ist also das eine, das den Erfolg garantiert? Nicht Wissen, nicht Bildung, nicht Übung, nicht Erfahrung, nicht Geld, sondern Glauben. Der Glaube an ein Projekt und der Glaube an sich selbst sind ausschlaggebend für den Erfolg. Natürlich sind auch andere Qualifikationen äußerst wichtig, aber der grundlegende, entscheidende Faktor ist der Glaube daran, daß *wir können,* was wir erreichen wollen. Ein anderer Name für Glauben ist positives Denken. Es ist eine Tatsache, daß manche positive Denker positive Resultate erzielen. William James erklärte: »Fürchte dich nicht vor dem Leben. Glaube daran, daß es lebenswert ist, und dein Glaube wird helfen, dies zur Tatsache werden zu lassen.«

Glaubende sind eine phantastische Rasse von Männern und Frauen. Nichts entmutigt sie. Vor nichts haben sie Angst. Wenn Zweifel sie ankommen, erheben sie sich darüber. Sie werden Menschen mit Macht. Diese großen, starken Seelen fegen alles Widrige aus dem Weg. Sie sind Macher, Vollender, Gewinner. Sie haben das Zauberwort: *Glauben.*

Es ist meine Überzeugung, gestützt auf die Kenntnis solcher Persönlichkeiten über viele Jahre hinweg und unter den verschiedensten Umständen, daß Glaube jedes Problem, mit dem Sie je konfrontiert werden, überwinden oder lösen kann oder Sie erfolgreich damit leben können. Manche Probleme können äußerst schwierig, ja, entsetzlich sein. Den Glaubenden aber erscheinen sie nicht so, denn Glaubende stellen jedem Problem die Zuversicht entgegen, daß es zu bewältigen ist.

Wer glaubt, kriecht nie auf allen Vieren durchs Leben, wimmernd und jammernd, es sei zuviel, es sei ungerecht. Vielmehr tritt er dem Widrigen aufrecht entgegen und sagt: »Als Kind des guten Gottes bin ich größer als alles, was mir zustoßen kann.«

Ich glaube daran, daß Sie und ich dazu erschaffen wurden, Gewinner zu sein. Groß und nicht klein zu sein. Schwäche zu überwinden und ein starker Mensch, ein Glaubender zu werden. Denken Sie an jenes kraftstrotzende Bibelwort: »So ihr Glauben habt wie ein Senfkorn ... wird euch *nichts* unmöglich sein« (Matth. 17,20).

Die Erinnerung kann einem zu den unerwartetsten Zeitpunkten und Orten längst vergessen geglaubte Dinge, Menschen und Ereignisse wieder nahebringen. Ich ging vor einiger Zeit durch die Fifth Avenue, als ich an der Ecke zur 35. Straße eine solche »Rückblende« erlebte: Mit einem Schlag war ich wieder im Herbst 1933 und bei Fred.

Ich hatte Fred ein paar Jahre zuvor in Brooklyn kennengelernt und seither nicht mehr gesehen. Nun kam er die Avenue entlang, mit den gleichen gestrafften Schultern und dem gleichen friedvollen Gesicht wie früher. Es war ein freudiges Wiedersehen. »Wie geht's Ihnen?« fragte ich. Ich muß erwähnen, daß dieses Zusammentreffen am Tiefpunkt der großen Depression der dreißiger Jahre stattfand, der wirtschaftlich wohl traurigsten Zeit der amerikanischen Geschichte. Fabriken wurden geschlossen. Leere Ladengeschäfte in der ganzen Stadt zeugten von Bankrotten. Menschen waren zu Hunderttausenden entlassen, Löhne und Gehälter nicht nur einmal, sondern mehrmals gekürzt worden. Bei Suppenküchen und Brotausgabestellen sammelten sich lange Schlangen von Menschen an, von denen manche früher wohlhabend gewesen waren. Niemand über dreißig schien auch nur die geringste Chance zu haben, eine Stelle zu bekommen. So war die Lage, als ich an jenem Oktobernachmittag an der einst prächtigen Fifth Avenue mit Fred zusammentraf.

Er trug einen blauen Serge-Anzug. Dieser Stoff hat die Eigenschaft, nach langem Tragen stark glänzend zu werden. Freds Anzug war offensichtlich besonders abgetragen. Aber wenn er sprach, tat er es in seinem alten fröhlichen Ton. »Oh, mir geht's gut. Großartig. Verschwenden Sie bloß keine Zeit mit Sorge um mich. Ich bin zwar schon eine ganze Weile arbeitslos, aber ich komme jeden Morgen in die Stadt, wandere durch die Straßen und suche Arbeit. Sehen Sie, ich weiß einfach, daß es irgendwo in dieser großen Stadt einen Job für mich gibt, und ich werde nicht aufhören, ihn zu suchen. Ich werde ihn finden.«

»Sie haben sich Ihr frohes Lächeln bewahrt«, bemerkte ich bewundernd.

»Das ist doch nur vernünftig, oder nicht? Ich habe nämlich irgendwo gelesen, daß man für eine finstere Miene vierundsechzig Gesichtsmuskeln braucht, für ein Lächeln aber nur vierzehn. Wozu also das Gesicht überanstrengen?« Dann verriet er mir noch mehr von seiner Philosophie. Er glaubte daran, daß ein tiefer Wunsch nach einem Arbeitsplatz mit der Erfüllung dieses Wunsches belohnt werde. »Ich hörte Sie einmal den Dichter John Burroughs zitieren, der so etwas Ähnliches sagte wie ›das meine wird zu mir kommen‹.«

Das Rührende an Fred aber war sein Vertrauen, sein Glaube. »Ich bin von gläubigen Eltern erzogen worden. Wir hatten sehr wenig, aber das brachte Mutter nie aus der Ruhe. Sie sagte immer: ›Der Herr wird für uns sorgen.‹ Und wissen Sie was? Er tat es. Er hat Mutter nicht ein einziges Mal im Stich gelassen«, und nach einer Pause fügte er mit einem leichten Zucken der Lippen hinzu: »Er wird auch mich nicht im Stich lassen.« Dann, wie er so dastand auf der großen Avenue, mitten in der Menge von Arbeitslosen auf der Suche nach Beschäftigung, sprach er die alten Bibelworte: »Ich bin jung gewesen und alt geworden und habe noch nie gesehen den Gerechten verlassen oder seinen Samen nach Brot gehen« (Psalm 37,25). Er sah mich geradezu trotzig an: »Und wenn es noch so schwierig wird, daran glaube ich. Mutter und Vater – und Sie (er puffte mich freundschaftlich in die Brust) haben mich gelehrt, ein gläubiger Mensch zu sein. Also mache ich einfach weiter, hoffend, glaubend und suchend.«

Ich sah ihm nach, wie er die Straße entlang ging. Der Sonnenschein auf dem glänzenden abgewetzten Serge verwandelte den Anzug für einen Augenblick in eine Ritterrüstung, in der sein Träger auf der Suche nach dem heiligen Gral mit hell funkelndem Schwert des Geistes dahinritt.

Was dann geschah? Fred bekam Arbeit bei einem Mann, der ein gewisses Genie im Erfinden von Dingen war. In diesem anregenden Klima hatte Fred, selbst ein erfinderischer Kopf, eine Idee, die einschlug. Nach langem Kämpfen, Gürtelengerschnallen und Glauben wurde Fred, wie auch sein Arbeitgeber, recht erfolgreich. Er führte ein konstruktives Leben, hatte eine nette Familie und wurde von allen, die ihn kannten, geachtet.

Vor einigen Jahren wurde ein Sonntag gefeiert, an dem Laien aufgefordert waren, auf der Kanzel der New Yorker Kirchen zu sprechen. Ich bat Dale Carnegie, mit dem ich besonders befreundet war, einen solchen Auftrag anzunehmen. Dale, der Verfasser des Klassikers, »Wie man Freunde gewinnt«, hat in seinen Kursen wahrscheinlich mehr Männer und Frauen gelehrt, öffentlich zu reden, als sonst jemand in Amerika. Er hielt an jenem Sonntagmorgen eine unvergeßliche Ansprache.

Einmal aber stockte ihm die Stimme. Er war so bewegt, daß er eine Weile nicht weiterreden konnte. Schweigen senkte sich über die große Gemeinde. Er erzählte aus seiner Jugend. Er schilderte die Armut, in der seine Familie gelebt hatte; manchmal war nichts zu essen im Haus. »Aber auch das brachte Mutters Glauben nicht ins Wanken. Sie ging im Haus herum und sang das schöne, alte Kirchenlied ›Welch ein Freund ist unser Jesus‹. Ruhig versicherte sie Vater und uns Kindern, der Herr werde uns versorgen. Und«, fuhr Dale fort, »ich erinnere mich nicht, jemals hungrig zu Bett gegangen zu sein. Auf merkwürdige, ja wundersame Weise kam uns stets das Notwendige zu, dank Mutters kraftvollem Glauben.«

Als ich damals dem unvergeßlichen Dale Carnegie zuhörte, fiel mir ein, daß Armut für einige unserer größten Amerikaner eine Quelle der Motivation war. Sie machte sie entschlossen, sich und ihre Familien auf ein höheres wirtschaftliches Niveau zu heben. Ein starker Glaube, der meist aus ihrer religiösen Erziehung stammte, verlieh ihnen die Zuversicht, daß sie das schaffen würden. Von Fred auf der Straße und Dale Carnegie auf der Kanzel lernte ich, daß weder eine Wirtschaftskrise noch Rückschläge wie der Verlust des Arbeitsplatzes den positiv denkenden Menschen auf Dauer niederzudrücken vermögen, weil die Fähigkeit, sich aufzurichten, in ihm drinsteckt. Je tiefer er fällt, desto höher schwingt er sich wieder auf. Das liegt weder am Glück noch an günstigen Umständen, es geschieht auch nicht einfach so. Es ist die Kraft des Glaubens, die den Unterschied ausmacht, einen großen, starken Unterschied.

Was Männer und Frauen veranlaßt, selbst aus einer schwierigen Lage heraus etwas Gutes zu erreichen, ist dieser zähe, nicht unterzukriegende Glaube, die feste Überzeugung, daß sie mit Hilfe der höheren Macht jede Schwierigkeit zu bewältigen vermögen. Sie fühlen im Innersten, daß sie alles haben, was sie brauchen, um die Hindernisse zu überwinden, und lassen es nicht zu, daß irgendwelche negativen, selbstzerstörerischen Gedanken diese positive Gewißheit angreifen. Werden Sie also ein glaubender Mensch, auch wenn Sie sich mit straffer Disziplin dazu erziehen oder lange und hart daran arbeiten müssen. Ihre Zukunft hängt davon ab.

Ich kannte einen Mann, Melvin Evans, der für Firmen Personalstudien durchführte. Außerdem war er Verkaufstrainer, und mit besonderem Erfolg förderte er brachliegende Fähigkeiten bei den Leuten. Er war verantwortlich für das Verschieben von Angestellten aus Arbeitsbereichen, in denen sie nicht so gut waren, auf andere, die nach seinem Urteil ihren Begabungen besser entsprachen. Dabei erzielte er gute bis blendende Ergebnisse. Er bezeichnete diese Arbeit als »Menschen-Neuschaffungsgewerbe« und war in dieser Eigenschaft außerordentlich tüchtig. Er hatte die Menschen wirklich gern, er glaubte an sie und verstand es, ihre bislang ungenutzten Fähigkeiten herauszulocken.

Einer seiner Fälle war ein junger Mann, der einen sehr eintönigen Bürojob versah. Evans war beeindruckt von dessen offenem, angenehmem Wesen. Er arbeitete effizient und dachte immer neue Methoden zur Verbesserung der Produktivität aus. Außerdem wußte er Mitarbeiter anzuspornen, mit mehr Begeisterung an ihre Aufgaben heranzugehen. Evans war immer mehr überzeugt, daß in diesem jungen Mann namens Jack noch ungenutzte Fähigkeiten schlummerten.

»Wie finden Sie diese Firma?« fragte Evans.

»Bestens!« antwortete Jack. »Es bringt mich enorm in Schwung, hier zu arbeiten. Bald mache ich mein Buchhalterdiplom.«

»Wissen Sie, was ich von Ihnen halte, Jack? Es überrascht Sie vielleicht, aber ich glaube, Sie haben das Zeug zu einem richtigen Verkäufer. Sie bringen für dieses Produkt eine solche Begeisterung mit, daß Sie es ausgezeichnet verkaufen würden. Sie könnten Verkaufsrekorde aufstellen, von denen die Firma und auch Sie selbst gewaltig profitieren würden.«

Bei dieser unerwarteten Einschätzung trat eine andere Seite von Jack zutage: Ängstlichkeit und Selbstzweifel. »O nein, Mr. Evans. Ich fühle mich wohl an diesem Posten. Ich kenne mich hier aus. Es ist wie ein zweites Heim für mich. Außerhalb wäre ich wie ein Fisch auf dem Trockenen, und ich weiß, daß ich es im Verkauf nie schaffen würde.« Diese Worte zeigten seine negative Selbsteinschätzung und Furcht vor dem Verlassen des geborgenen Nestes.

Aber Evans blieb fest. »Sie kennen Ihr eigenes Ich nicht, Junge. Sie brauchen eine geistige Verschiebung vom Nichtglauben zum Glauben. Sie müssen mit Ihrem wahren Ich vertraut werden.«

Schließlich ließ sich Jack überreden, den Verkaufstrainingskurs zu besuchen. Zu seiner eigenen Überraschung fand er ihn interessant, und der Ausbilder sagte zu Evans: »Ich glaube, Sie haben da einen geborenen Verkäufer entdeckt. Es fehlt ihm allerdings noch an Selbstvertrauen.«

»Das gibt sich«, versicherte Evans.

Dann kam der Zeitpunkt, da er auf die Straße mußte, hinaus zu den Kunden, und Jack war recht nervös. Aber Evans sagte: »Ich gehe mit, Jack. Wir bearbeiten ein Stück des Reviers gemeinsam.« Er stellte den neuen Verkäufer einigen der Leute vor, mit denen er geschäftlich zu tun haben würde. Alle mochten Jack, weil er so frisch und offen war. Jack sah aufmerksam zu, wie Evans verkaufte. Und er nahm in ihrer gemeinsamen Zeit etwas noch Wichtigeres auf: Evans ließ seine Zuversicht und seinen Glauben an sich erkennen und übertrug diese Zuversicht auf Jack.

Bald war auch Jack soweit, an Jack zu glauben. Er fing an, eine neue Auffassung von sich selbst und damit das Erfolgsgefühl zu bekommen. Die Folge war, daß die freudige Spannung in ihm überhandnahm.

Eines Tages sagte Evans dem jungen Verkäufer, daß er ihn nun verlassen müsse. Er legte den Rest der Verkaufsroute fest, die Jack allein zu bearbeiten hatte. »Machen Sie einfach so weiter, haben Sie die Menschen gern. Seien Sie freundlich, und glauben Sie an Ihr Produkt und«, fügte er hinzu, »an sich.«

»Ich werde mich sicher furchtbar allein fühlen«, murmelte Jack.

»Sie sind nie allein«, sagte Evans.

Jacks anschließende Erfolge bestätigten Evans' Beurteilung der Fähigkeiten des jungen Mannes. Menschen, die an sich selber zweifeln, zum Glauben an sich zu führen, wie Evans es bei Jack tat, ist eines der Hauptanliegen dieses Buches.

Dieser Glaubensfaktor ist eine erstaunliche Kraft, eine fast unglaubliche Macht. Sie enthält alles Positive in konzentrierter Form. Ich wurde von Leuten, die religionsfern erscheinen wollen, gelegentlich gefragt: »Muß man denn gläubig sein, um Glauben zu haben?« Meine Antwort lautet: »Es hilft auf jeden Fall.«

Ein Bericht zum Beispiel, der in einer Zeitung von Chattanooga, Tennessee, erschienen ist, erzählte von vier Frauen in einem Kleidergeschäft, drei Angestellten und einer Kundin. Die letztere zog sich in der Kabine gerade wieder an, nachdem sie mehrere Kleider probiert hatte. Plötzlich wurde die Ladentür aufgestoßen, und herein kam ein großer, brutal aussehender Kerl, ein Messer in der einen und einen Revolver in der anderen Hand. »Geld her!« befahl er.

Alles, was die drei Angestellten zusammenkratzen konnten, waren 55 Dollar. Das machte ihn wütend. »Legt euch auf den Boden, und wenn ihr euch bewegt, bring' ich euch um!« Dann hörte er die Frau in der Umkleidekabine. Er stieß und packte sie, riß ihr Geld an sich. Er bedrohte sie und ritzte sie mit seinem Messer. Aber dann reagierte die Frau. Sie richtete sich hoch auf und sagte mit lauter, herrischer Stimme zu dem Rohling: »Hören Sie auf! Im Namen Jesu Christi befehle ich Ihnen, uns in Ruhe zu lassen. Schluß mit dieser Gemeinheit!« Ein Ausdruck der Verblüffung erschien auf dem Gesicht des Räubers. Verwirrt wandte er sich um, rannte aus dem Laden, sprang in einen Wagen, wo eine Komplizin am Steuer saß, und fegte davon. Später wurde er von der Polizei gefaßt, und beim Verhör sagte er: »Diese Frau hatte eine Kraft, wie ich's noch nie erlebt habe.« Wenn dieser erstaunliche Kraftstrom eingeschaltet wird, erzielt der Glaube die unwahrscheinlichsten Resultate.

Diese Geschichte erinnert mich an ein Gespräch, das ich eines Morgens, als ich auf Vortragsreise war, im Café eines Motels mit einer Serviererin mittleren Alters führte. Obwohl es in Strömen regnete, begrüßte mich die muntere, positive Frau mit der Nachricht, es werde ein wunderschöner Tag. In diesem Augenblick hatte die charmante Person mir den Tag auch schon erhellt. Während des Essens erfuhr ich, daß sie zwei Kinder durchs College gebracht hatte und zwei weitere auf dem Weg dazu waren. »Mein Glaube hat mir geholfen, das zu schaffen. Wissen Sie, ich bin ein gläubiger Mensch«, erklärte sie.

Sie erzählte, daß sie und ihr Mann als junges Paar in Armut gelebt hatten. »Mit der Zeit haßte ich die Armut. Sie zerstört die Seele. Wir wurden von der Fürsorge unterstützt, und das störte mich. Es fraß an meiner Selbstachtung. Mein lieber Mann sank immer tiefer in die Hoffnungslosigkeit ab. Und dann las ich Lukas 9,1.« Sie stand an meinem Tisch in dem Café und rezitierte die wunderbaren Worte: »Er forderte aber die zwölf zusammen und gab ihnen Gewalt und Macht über alle Teufel und daß sie Seuchen heilen konnten.«

Sie fuhr fort: »Das sagte mir etwas: Ich bin eine Jüngerin des Herrn, und er gibt mir Macht über die Teufel. Armut ist ein Teufel. Sie ist böse, sehr böse. Als Gläubige nahm ich diese Macht an. Nun, es ist eine lange Geschichte, und es war gewiß nicht leicht, aber mit der Hilfe des Herrn haben mein Mann und ich diesen Teufel der Armut umgebracht.«

Fast ehrfürchtig drückte ich diesem großartigen Menschen, dieser großen Gläubigen die Hand und ging angeregt weg. Ich dachte über meine eigenen Teufel nach; die meisten von uns haben solche Dämonen. Ich beschloß an Ort und Stelle, daß auch ich die Macht annehmen wollte, die uns als Gläubigen gegeben wird. Etwas, das von jenem Erlebnis herrührt, ist dieses Buch, in dem ich hervorheben will, daß man durch die große Kraft des Glaubens ein Sieger sein kann. So groß auch die Schwierigkeiten sein mögen, Sie können sich siegreich über alles erheben, was Sie heute niederwirft. Glauben Sie mir das, denn es ist die Wahrheit, die große, wundervolle, unleugbare Wahrheit.

Manche von Ihnen würden diese Art Glauben wohl nur zu gern für sich arbeiten lassen, sie steckten, stecken vielleicht immer noch, in einer wirklich argen Lage. Was tut man, wenn man eine besonders schlimme Zeit durchlebt hat (oder durchlebt)? Wenn diese Frage gestellt wird, erinnere ich mich meist an den Tag, an dem ein junger Rechtsanwalt mich aufsuchte. Er war verzweifelt und völlig hoffnungslos. Er war, zumindest vorübergehend, aus einem großen Anwaltsbüro hinausgeflogen, weil er einen schweren Fehler gemacht hatte. Ich fand es ziemlich ungerecht, einen Anfänger wegen eines einzigen, wenn auch großen Fehlers dermaßen zu bestrafen. Vor ein paar Jahren habe ich gelesen, daß Frau Knox von Knox-Gelatine in ihrer Fabrik eine Tafel anbringen ließ, auf der stand: »Nur wer zweimal über denselben Stein stolpert, verdient es, sich den Hals zu brechen.« Sie wenigstens würde Angestellten eine zweite Chance geben.

Jedenfalls ging der geschlagene junge Jurist hin und her und quälte sich mit Selbstvorwürfen. »Wie konnte ich nur so vernagelt, so dumm sein? Jetzt ist meine Karriere futsch, und das schon gleich am Anfang!« stöhnte er und ließ sich in einen Sessel fallen, ein Bild der Verzagtheit. Zufällig hatte ich auf meinem Schreibtisch gerade eine Kolumne liegen, die der verstorbene Grove Patterson im *Toledo Blade* geschrieben hatte, einen klassischen Artikel des großen Zeitungsherausgebers. Ich las ihn dem jungen Mann vor, und die Wirkung auf ihn war wie ein Wunder. Diese Kolumne hinterließ auch bei mir, als ich sie vor Jahren zum erstenmal las, einen so bleibenden Eindruck, daß ich sie in meiner Autobiographie »Das Buch der Lebensfreude« festhielt, und ich drucke sie hier noch einmal ab:

Vor langer Zeit lehnte ein Junge an dem Geländer einer altmodischen Brücke und sah der Strömung des Flusses unter sich zu. Ein Ast und treibende Holzstücke und Zweige glitten vorbei. Wieder war die Wasseroberfläche ungebrochen. Doch unaufhörlich, wie seit Hunderten oder vielleicht sogar Tausenden von Jahren strömten die Gewässer weiter – unter der Brücke. Je nach Jahreszeit trieb die Strömung schneller oder wieder eher träge, doch der Fluß blieb ununterbrochen – unter der Brücke.

Beim Beobachten des Flusses an jenem Tag machte der Junge eine Entdeckung. Er entdeckte nichts Materielles, nichts, was er mit den Händen fassen konnte. Es war nicht einmal sichtbar. Er hatte eine große Idee entdeckt. Plötzlich und schnell wußte er, daß alles in seinem Leben eines Tages unter der Brücke vorbeiziehen und verschwunden sein würde, wie Wasser. Und dem Jungen fingen diese Worte an zu gefallen, »unter der Brücke«.

Sein ganzes Leben lang danach leistete ihm die Vorstellung gute Dienste und half ihm über manches hinweg, wenn ihm Tage und Wege bevorstanden, die düster und schwer waren. Immer wenn er einen unvermeidbaren Fehler beging oder etwas verlor, was nicht zurückkehren würde, sagte der nun zum Mann gewordene Junge: »Es ist Wasser unter der Brücke.«

Und danach machte er sich keine großen Sorgen mehr, wenn ein Fehler passierte, und er ließ Kummer nicht schwer auf sich lasten – denn es war doch »Wasser unter der Brücke«.

Der junge Mann hörte gebannt zu. Längere Zeit saß er reglos da. Dann stand er auf, erfaßte meine Hand und sagte inbrünstig: »Ja, ich habe verstanden. Ich werde aus dieser

Erfahrung lernen, was ich nur kann, und sie dann loslassen.« Er schritt aus meinem Büro als einer, der den Glauben an sich wiedergefunden hat, und er glaubte auch an seine Zukunft, die sich dann übrigens als eine sehr gute herausstellen sollte.

Die Neigung der Menschen, sich selbst herabzusetzen, ist sehr verbreitet. Aber selten habe ich einen so geringschätzigen Brief, eine so fatale Selbsterniedrigung gelesen, wie sie kürzlich auf meinem Schreibtisch landete. Sie stammt von einer Frau, und ich gebe sie nur teilweise wieder:

> »Ich weiß, daß dieser Brief wahrscheinlich nie zu Ihnen persönlich vordringen wird, aber ich schreibe ihn trotzdem. Dr. Peale, ich habe dieses große Problem mit mir selbst. Ich habe kein Selbstvertrauen. Ich fühle mich dumm und Gottes Liebe so unwürdig. Ich frage mich, warum Er mich noch hierläßt, manchmal frage ich mich, warum ich überhaupt geboren bin? Mein Mann hat eine Firma, er ist sehr begabt. Wir beide sind meiner Meinung nach so verschieden.
>
> Ich bin eine Niete! Ich stamme aus einer kaputten Familie. Ich fühle mich unsicher und ungeliebt. Wahrscheinlich darum kann ich nicht glauben, daß Gott mich wirklich lieb hat. Ich habe so vieles falsch gemacht.
>
> Sogar als Christin mache ich alles falsch, was ich versuche recht zu machen. Ich hasse mich. Dr. Peale, ich habe daran gedacht, mich selber loszuwerden, aber ich weiß, das ist nicht recht. Gerade jetzt könnte ich wirklich etwas von Ihrem positiven Denken brauchen. Ich lese immer, wie Sie jemandem eine Karte geben

mit einem Bibelspruch darauf, und das hilft ihnen. Haben Sie etwas für mich? Ich habe eine Menge von Ihren Büchern gelesen, aber ich kann die Sachen scheint's nicht auf mich anwenden. Ich bin eine negative Denkerin. Ich bin es schon ziemlich lange. Ich würde Ihre Hilfe sehr schätzen.

Danke vielmals.«

Wunschgemäß schrieb ich eine Karte für sie. Ich riet ihr, sie stets bei sich zu tragen und sie häufig laut vorzulesen, besonders nachts vor dem Einschlafen. Ich wollte, daß die Glaubensworte in ihren Geist eindrangen und kraftvoll wirkten. Auch wenn ihre Unfähigkeit, an sich selbst zu glauben, tief verwurzelt war, habe ich doch die Erfahrung gemacht, daß Aussagen wie die folgenden oft eine starke Wirkung haben. Auf die Karte schrieb ich:

Ich kann mich leiden. Ich glaube an mich.
Ich wurde von Gott erschaffen, der noch nie etwas
schlecht gemacht hat.
Seine Schöpfung ist wunderbar,
also bin auch ich wunderbar.
Göttliche Vollkommenheit ist in mir.
Ich liebe das Leben. Ich liebe die Menschen.
Ich habe Fähigkeiten. Ich kann etwas.
Ich bin glücklich. Ich bin dankbar.
Ich behandle mich mit Achtung.
Als ein Kind Gottes glaube ich an mich.

Die Frau benutzte die Karte nach meiner Anweisung und ist jetzt dabei, ihre entsetzliche Selbsterniedrigung abzustreifen.

Wenn eine solche persönliche Glaubenslosigkeit vorliegt, wenn es an jeder Beherrschung der Persönlichkeit mangelt oder wenn das Versagen zum Dauerzustand geworden ist, dann tut es not, sich von Grund auf zu ändern. Es ist überaus töricht, in einem so traurigen Zustand weiterzuleben, denn es ist eine Tatsache, daß jeden Tag Selbständerungen vor sich gehen. Ein solcher Wandel der Einstellung und der Voraussetzungen kann in jedem Menschen geschehen. Wir alle können uns ändern. Ich kann es, und Sie können es auch.

Mein Cousin Lew Delaney war ein erfolgreicher Verkäufer, der in einer großen Firma Verkaufsdirektor wurde. Als wir einmal über die bemerkenswerten Änderungen sprachen, die in einem Menschen vorgehen können, sagte Lew: »Wenn jemand sich selbst gegenüber aufrichtig ist und ehrlich zugibt, daß es notwendig ist, sich zu ändern, es sich dann fest vornimmt und daran glaubt, dann wird die Änderung auch kommen. Wenn er oder sie Gott in den Vorgang einbezieht, dann kann diese Person sich mit Sicherheit wandeln, und damit meine ich völlig wandeln. Ich will dir von einem unserer Verkäufer namens Tim erzählen. Ob er sich gewandelt hat? Du würdest nicht glauben, daß das derselbe Mann ist!«

Wie Lew die Geschichte erzählte, gewann ich den Eindruck, daß Tim ein freundlicher, liebenswerter Mensch war, aber kraftlos. Er sei, sagte Lew, »der unterste Mann am Totempfahl« gewesen, der schlechteste Verkäufer. So sehr es der Direktion widerstrebte, ihn zu entlassen, war Tim doch im Begriff, seine Stelle zu verlieren. Dann fing er, zu jedermanns Überraschung, plötzlich an, Leistung zu erbringen. Seine Verkaufszahlen stiegen, und binnen Jahresfrist stieg er ins oberste Drittel der Verkäufer auf. Am Ende des zweiten Jahres war er landesweit der Spitzenverkäufer der Firma. Es war wie ein Wunder.

Bei der Jahresversammlung rief der Präsident ihn aufs Podium, um ihm die Auszeichnung als bestem Verkäufer des Jahres zu überreichen. Er stieg hinauf, etwas verlegen, und der Präsident sagte: »Ich weiß nicht, wann es mir je soviel Freude gemacht hat, den Preis zu vergeben. Tim, Sie sind ein wahrhaft großartiger Verkäufer geworden, aber noch mehr sind Sie ein wahrhaft großartiger Mensch geworden. Sie haben uns in der Tat alle verblüfft. Welch eine Veränderung in Ihrer Leistung und in Ihnen selbst! Sie sind einfach nicht mehr der gleiche Tim. Macht es Ihnen etwas aus, den Burschen hier zu sagen, wie Sie das geschafft haben?«

Tim sei kein Redner, erzählte Lew; er sei von einem Fuß auf den andern getreten, ganz rot geworden, und am Anfang habe er gestammelt. »Nun«, sagte er, »Chef und Kollegen, ich mag euch alle gern, und ich glaube, ihr werdet mich verstehen. Ich war ein Versager, eine Niete, und ich wußte es. Niemand brauchte mir das zu sagen. Eines Abends sagte ich mir: ›So will ich nicht mehr sein‹, und fing an zu denken. Ich saß in unserem Wohnzimmer, und auf dem unteren Regal des Bücherschranks sah ich eine Bibel. Ich muß gestehen, daß ich sie seit Jahren nicht aufgeschlagen hatte. Na ja, ich nahm sie heraus, und auf der ersten Seite stand: ›Für Tim. In Liebe, Mama.‹ Ich saß bloß da und blätterte darin, und dann sprang mich daraus irgendwie eine Feststellung an, daß ich mich wandeln, ein anderer Mensch werden könne. Und auf einmal glaubte ich das auch.

Am nächsten Morgen ging ich in die Stadt und kaufte mir eine ganz neue Ausstattung: Anzug, Unterwäsche, Socken, Hemd, Schuhe, Krawatte – alles. Natürlich weiß ich, daß das Äußerlichkeiten sind, aber ich ging nach Hause und nahm ein Bad. Ich schrubbte meine Haut, bis sie so rot war wie die eines Neugeborenen. Ich wusch mir den Kopf, um all die negativen Gedanken aus meinem dicken Schädel zu spülen. Dann zog ich mich an, und ein neuer Tim ging auf Verkaufstour. Mit Gottes Hilfe begann ich Aufträge zu bekommen, und dann verkaufte ich einfach immer weiter. Chef, ich glaube, das ist alles.«

Lew erzählte: »Es war unvergeßlich, sagenhaft! Die ganzen siebenhundert Leute saßen eine Minute lang still da; dann sprangen sie wie ein Mann auf, jubelten und klatschten und klopften einander auf den Rücken. Es war ein Riesentrubel, und«, fügte Lew hinzu, »ich muß gestehen, daß ich einen Kloß im Hals und Tränen in den Augen hatte, wie so ziemlich alle.«

Warum auch nicht? Einer hat sich geändert, war ein neuer Mensch geworden. So sehr, daß man ihn kaum wiedererkannte.

»Alle hätten gern gewußt, was es gewesen war, das ihn aus der Bibel ›angesprungen‹ und in Tim einen so völligen Wandel hervorgebracht hatte«, fuhr Lew fort, »aber niemand mochte ihn fragen, da es doch etwas sehr Privates war. Aber als wir am nächsten Tag beisammensaßen, fragte ich ihn. Er zog seine Visitenkarte heraus und schrieb ›2. Korinther 5,17‹ hintendrauf. ›Schlagen Sie nach‹, sagte er bloß. Ich war neugierig und schlug tatsächlich in der Bibel nach. ›Darum, ist jemand in Christo, so ist er eine neue Kreatur; das Alte ist vergangen, siehe, es ist alles neu geworden.‹«

»Weißt du, Norman«, sagte Lew, »du und ich haben das schon als Kinder in Lynchburg (Ohio) in der Sonntagsschule gehört, und ich habe mir nie viel dabei gedacht. Aber es funktioniert wirklich. Tims Erlebnis beweist es.«

Wie recht er hatte: Glaubensstärke bringt starke Ergebnisse.

3. KAPITEL

Erfolg im Umgang mit Problemen

Der positiv denkende Mensch ist ein Vollbringer, der aus mehreren Gründen starke Ergebnisse erzielt. Er steht dem Phänomen, das wir Problem nennen, weder ängstlich noch fassungslos gegenüber. Als praktischer, positiv denkender Philosoph weiß er, daß jedes Problem den Samen seiner eigenen Lösung in sich trägt. Wo es keine Probleme gibt, gibt es keine Lösungen, und der Fortschritt bleibt stecken. Der positiv denkende Mensch weiß, daß gute Ergebnisse im fruchtbaren Boden schwieriger Probleme wurzeln.

Wenn Gott uns etwas sehr Wertvolles schenken will, wie geht er dann vor? Wickelt er es in ein Geschenkpapier und überreicht es auf einem silbernen Tablett? Kaum. Seine Methoden sind viel raffinierter. Oft vergräbt er den Schatz im Innersten eines großen, schweren Problems. Und dann beobachtet er wohl mit Freude, ob wir das Rüstzeug haben, um das Problem zu knacken und tief drin vielleicht die kostbare Perle zu finden.

Aber wo immer ich hinkomme, überall scheinen Leute, ob stillschweigend oder offen heraus, zu sagen: »Wäre das Leben nicht einfach wunderbar, wenn wir weniger Probleme, leichtere Probleme oder, noch besser, überhaupt keine Probleme hätten?« Wäre es das wirklich?

Ich möchte die Frage mit einer kleinen Geschichte beantworten. Auf der Fifth Avenue in New York sah ich einen Bekannten namens George auf mich zukommen. Nach seinem traurigen Gesichtsausdruck zu schließen, schäumte er nicht gerade über vor Lebensfreude. Einfacher gesagt: George war seelisch am Boden.

Das weckte meine Sympathie, und ich fragte ihn: »Wie geht's Ihnen, George?« Minutenlang klärte er mich darüber auf, wie schlecht es ihm gehe. Je mehr George redete, desto elender war mir zumute. »Was hat Sie denn so verstört und entmutigt?« erkundigte ich mich. Die Frage brachte ihn vollends in Fahrt.

»Ach, diese ganzen Probleme!« schnaubte er. »Probleme und noch mehr Probleme und nichts als Probleme! Ich habe es satt!« Er ereiferte sich dermaßen, daß er ganz vergaß, mit wem er sprach, und schimpfte ausfallend auf diese Probleme, wobei er, ich muß es leider sagen, eine Menge theologischer Ausdrücke verwendete, allerdings in einem durchaus nicht theologischen Zusammenhang. Immerhin, ich verstand ihn sehr wohl, denn er hatte »die Fähigkeit, sich mitzuteilen«.

»George«, unterbrach ich seine Tirade, »ich würde Ihnen gerne helfen, wenn das möglich ist. Sagen Sie mir, was ich für Sie tun kann.«

»Für mich tun?« rief er aufgebracht. »Schaffen Sie mir diese Probleme vom Hals, und Sie sind mein Freund fürs Leben!«

Da mir eine Gelegenheit, jemandes Freund fürs Leben zu werden, stets willkommen ist, dachte ich über Georges Situation nach und kam schließlich auf eine Lösung. Sicher war es nicht der erfreulichste aller Vorschläge, aber wenigstens realistisch. »George«, sagte ich, »lassen Sie mich eines klarstellen: Sie wollen Ihre schwierigsten Probleme oder vielleicht die meisten Ihrer Probleme loswerden. Aber Sie wollen mir bestimmt nicht heute und hier auf der Straße im Ernst sagen, daß Sie Ihre sämtlichen Probleme gelöst haben wollen.«

»Doch, das will ich. Ich hab' die Nase voll davon«, beharrte er finster.

»Schön. Wenn es so ist, glaube ich, daß ich Ihnen beistehen kann. Neulich war ich an einem bestimmten Ort, in einer beruflichen Angelegenheit, wenn ich es so ausdrücken darf. Ein Beamter sagte mir, daß sich ungefähr hunderttausend Menschen dort befänden, und keiner davon hatte ein Problem.«

Der erste Schimmer von Begeisterung blitzte in Georges Augen auf und erhellte seine Miene, als er eifrig ausrief: »Mann, das ist das Richtige für mich! Bringen Sie mich dahin!«

»Wenn Sie meinen«, sagte ich. »Es ist der Woodlawn-Friedhof.«

Das ist eine Tatsache: Niemand auf diesem oder irgendeinem Friedhof hat ein Problem. Es berührt die Toten nicht im geringsten, was in den Zeitungen, im Fernsehen oder im Rundfunk berichtet wird. Sie haben überhaupt keine Probleme. Aber sie sind tot.

Es ist also logisch, festzustellen, daß Probleme ein Lebenszeichen darstellen. Ich würde sogar so weit gehen zu sagen, je mehr Probleme man hat, desto lebendiger ist man. Wenn Sie keinerlei Probleme haben, sind Sie in großer Gefahr, sozusagen auf dem Weg ins Aus. Dann empfehle ich Ihnen, zu beten: »Herr, was ist los? Traust Du mir nicht mehr? Gib mir bitte ein paar Probleme!«

Wer positiv denkt, ist lebendig, geistig und seelisch lebendig, und weiß, daß er mit Gottes Hilfe imstande ist, mit jedem Problem fertigzuwerden, das sich ihm in seiner Lebenszeit stellt. Für ihn werden gute Ergebnisse nicht behindert von der Furcht, zur Krisenbewältigung nicht fähig zu sein. Er geht die Probleme mit intelligentem Denken an und erzielt dementsprechend positive Resultate.

Das hier erwähnte Problemverständnis scheint auf eine geistig gesunde Einstellung hinzuweisen. In der Tat besteht eine Möglichkeit, Ihren geistigen Gesundheitszustand zu bestimmen, darin, daß Sie Ihre Reaktion überprüfen, wenn unvermittelt ein schweres Problem auftaucht. Wimmern und klagen Sie, es sei eine ungerechte Last? Fragen Sie jemand: »Warum gerade ich?« Dann sollten Sie sich beraten lassen, in der Hoffnung, zu einem logischeren, philosophischeren Verständnis der Schwierigkeit zu gelangen. Haben Sie dagegen eine starke Haltung, einen klaren Blick, wenn sich plötzlich ein Problem ergibt, dann werden Sie sich ihm furchtlos und zuversichtlich stellen, im Wissen darum, daß Sie fähig sind, es zu meistern. Diese Haltung weist auf eine gute geistige Gesundheit hin. Dieser Test zeigt Ihnen, ob Sie die seelische Robustheit besitzen, um mit Hilfe von positivem Denken selbst aus den schwierigsten Problemen etwas Gutes zu machen.

Vor einigen Jahren gründeten der bekannte Psychiater Dr. Smiley Blanton und ich die »Amerikanische Stiftung für Religion und Psychiatrie«, deren Name später in »Institute für Religion und Gesundheit« umgewandelt wurde. Infolgedessen bin ich seit Jahren mit Psychiatern und Psychologen eng verbunden. Beruflich habe ich große Achtung vor ihnen, und als Kollegen sind sie mir lieb. Wir haben schon bei aufregenden Unternehmungen zusammengearbeitet, aber auch vergnügte gemeinsame Stunden erlebt.

In einem New Yorker Hotel fand ein nationaler Psychiaterkongreß statt, und in der Halle wimmelte es ständig von diesen Doktoren. Gleich um die Ecke ist ein großer Bahnhof, wo sich immer Scharen von Tauben aufhalten. Irgendwie scheint sich das geistige Durcheinander der Menschenmassen, die da hinein- und herausströmen, auf eine der Tauben übertragen zu haben. Jedenfalls geriet sie auf einem ungeklärten Weg in die Hotelhalle und flog mitten unter den Psychiatern herum. Und es wird zuverlässig berichtet, daß sie volle zwei Tage da herumflatterte, bevor einer der Psychiater einem anderen gegenüber zugab, eine Taube gesehen zu haben!

Aber sei dem, wie es wolle, unsere Klinik hat schöne Erfolge erzielt und vielen Menschen eine gesunde Einstellung zu Problemen und das praktische Know-how zu ihrer Bewältigung vermitteln können. In dieser Klinik bekamen wir es mit so gut wie jedem bekannten menschlichen Problem zu tun. Nennen Sie irgendeines – wir kennen es.

Ein Problem, das viele Menschen quält, ist Sorge. Sorge darf als Persönlichkeitsproblem nicht leichtgenommen werden. Das englische Wort *worry* für diese innere Unruhe stammt, wie ich gelesen habe, von dem angelsächsischen *wyrgan* ab, was nichts anderes als »würgen« bedeutet. Wenn einer Sie an der Kehle packte und zudrückte, entspräche dies auf dramatische Weise dem, was Sie sich selber antun, wenn Sie über längere Zeit das Opfer innerer Sorgen bleiben: Sie erwürgen oder ersticken buchstäblich Ihre eigenen schöpferischen Kräfte.

Unter den Hieroglyphen, die bei Ausgrabungen in Großbritannien entdeckt wurden, befand sich eine in den Stein gemeißelte rohe Zeichnung eines großen Wolfes, der seine Zähne in den Hals eines Mannes gräbt. Das Zeichen wurde als Ausdruck jener altzeitlichen Bewohner für »Sorge« entziffert. Offenbar plagte schon in dunkler Vergangenheit das verheerende, selbstzerstörerische seelische Problem die Menschen, das wir Sorge nennen.

Ein anderes persönliches Problem, dem wir häufig begegnen, ist Furcht, eine Art vertiefter Sorge. Verwandt damit ist das Problem der Angst. Was ist Angst? Ein unbestimmtes, dunkles, beklemmendes Gefühl, daß etwas Schreckliches bevorsteht. Der verstorbene Dr. Smiley Blanton sagte: »Angst ist die größte Seuche Amerikas.«

Die Institute für Religion und Gesundheit befassen sich auch mit Ehe-, Alkohol-, Drogen- und Jugendproblemen und vielen anderen Situationen, die den freien, schöpferischen Strom der menschlichen Leistungsfähigkeit hemmen. Die wohl verbreitetste Schwierigkeit aber, die moderne, gebildete, gut organisierte Menschen im allgemeinen bedrängt, ist die Unfähigkeit, mit den ganz gewöhnlichen Problemen des menschlichen Daseins fertigzuwerden.

Ein sehr gangbarer Weg, jemandem aus dieser Unfähigkeit zu helfen, ist der, ihn zu einem Glaubensmenschen zu machen. Glaube ist die großartigste aller Therapien. Glaube an was? An Gott, an die Mitmenschen, an seinen Beruf, an sich selbst. Wenn jemand einen starken Glauben entwickelt, wenn Zweifel und Minderwertigkeitsgefühle abgebaut oder gar ausgemerzt werden, dann hat dieser Mensch keine ernsthaften Schwierigkeiten mit der Problembewältigung mehr. Er verändert sich in seiner geistigen und seelischen Natur vollständig. Eine frühere Schwäche wird zur Stärke. Wer sich zuvor unzulänglich fühlte, kann jetzt schwierige Dinge mit Schwung und Kraft unternehmen und meistern. Probleme, die ihn früher überwältigten, zurückwarfen, niederdrückten, überwindet er jetzt. Entweder löst er sie, oder er lernt mit ihnen zu leben. Und er tut dies in der positiven Einstellung, daß sie in Wirklichkeit keine Hindernisse, sondern im Gegenteil Karrierebauer, Superproduzenten von praktischer Erfahrung sind.

Diesen Wandel der inneren Einstellung habe ich selbst durchmachen müssen. Als junger Mann war ich alles andere als positiv eingestellt. Ich wurde sogar von einem Minderwertigkeitskomplex beherrscht. Zu lernen, wie man den abschüttelt und normal lebt, war eines der größten Probleme, die ich je zu bewältigen hatte. Ich hegte ehrgeizige Träume und setzte mir große Ziele. Meine Begeisterung und Energie waren grenzenlos. Zugleich aber quälten mich Selbstzweifel und Gefühle der Unzulänglichkeit. Mein Unterbewußtsein redete mir höhnisch ein: »Du kannst es nicht, dir fehlt, was es dazu braucht.«

Eines meiner Ziele beispielsweise, eigentlich mein Hauptziel, war, ein öffentlicher Redner zu werden. Doch schon der Gedanke, vor ein Publikum zu treten, machte mir angst. Wenn ich es einmal versuchte, zitterten mir die Knie, mein Mund war trocken, und ich zauderte hilflos. Trotzdem wollte ich öffentlich reden, wünschte es verzweifelt. Ich war motiviert, etwas zu leisten, Ziele zu erreichen, Pläne zu verwirklichen. Wenn Sie jemals unbedingt etwas tun wollten und glaubten, Sie könnten es nicht, wenn Sie sich danach sehnten, jemand zu sein, aber an sich selber zweifelten, dann hatten auch Sie dieses Problem. Und daran hingen natürlich eine Menge weiterer Probleme. Wie hätten Sie Lebenssituationen meistern und gute Entscheidungen treffen können, wenn Sie ein geschlagener Selbstungläubiger waren?

Ich hatte das Glück, in meiner Jugend vier Männer zu treffen, die mir zu mir selber halfen. Der erste war Ben Arneson, Professor an der Wesley-Universität von Ohio. Er sah und begriff mein rührendes Dilemma. Eines Tages sagte er: »Bitte, bleiben Sie nach der Stunde hier, Peale.« Dann setzte er sich zu mir und musterte mich. »Was ist mit Ihnen, Norman? Ich weiß, Sie studieren fleißig und beherrschen den Stoff dieses Kurses, aber Sie sagen nie etwas, wenn ich Sie nicht aufrufe. Und dann werden Sie rot, mühen sich ab und stammeln. Sie sind verlegen und befangen. Warum?«

Er ließ mir keine Zeit, eine Ausrede zu finden. »Ich weiß, warum. Sie haben einen Minderwertigkeitskomplex, den Sie so lange pflegten, bis er Sie beherrschte. Im Grunde ist es egoistisch von Ihnen, sich einzubilden, daß jeder Sie beobachtet, daß Sie im Mittelpunkt der Aufmerksamkeit stehen.« Er spielte mit einem Radiergummi, den er auf seinem Pult hüpfen ließ. »Sehen Sie diesen Gummi? Ein wunderbares Ding, so ein Gummi. Er kann Fehler ausradieren, das Papier saubermachen.« Er warf ihn gegen das Pult: »Sehen Sie, was für eine Sprungkraft er in sich hat!

Dasselbe gilt für Sie, mein Junge. Radieren Sie diese Minderwertigkeitskomplexe aus, gewinnen Sie die Sprungkraft, die der Allmächtige Ihnen mitgegeben hat.« Dann fuhr er fort, mich zu ermutigen: »Sie sind in einem gottesfürchtigen Haus aufgewachsen und zum Glauben erzogen worden, und der Glaube kann die Furcht immer ausradieren. Und Sie fürchten sich – fürchten sich vor dem Leben, fürchten sich, Ihr eigenes gutes Ich zu sein. Wenden Sie sich dem Herrn zu, Norman. Lassen Sie sich von ihm neu machen. Er tut's, wenn Sie ihn darum bitten.«

In einem Wirrwarr von Gefühlen stolperte ich durch die Halle. Zorn war das eine. Frustration war ein anderes, aber eine seltsame aufkeimende Hoffnung war auch dabei. Ich ging die lange Treppe hinunter und blieb auf der viertuntersten Stufe stehen. Daran erinnere ich mich genau, denn auf jener Stufe trug sich eines der wichtigsten Ereignisse meines Lebens zu: Ich wußte mit einemmal, daß der Professor recht hatte, als er sagte, was ich sei und was ich sein könnte, wenn – ! Zum Glück wußte ich auch, was ich zu tun hatte. Ich betete: »Lieber Gott, ich habe dich schlechte Menschen in gute verwandeln sehen. Ich habe dich Trunksüchtige in enthaltsame Männer und Frauen und Diebe in ehrliche Menschen verwandeln sehen. Kannst du nicht auch einen armen, niedergeschlagenen Jungen wie mich in einen normalen verwandeln? Bitte, tu es, lieber Gott!« Es war mir ernst mit diesem Gebet.

James Russell Lowell schrieb in seinem Gedicht »Die Kathedrale«:

Ich, der ich doch stets morgens und am Abend bete,
Ich hab' dreimal vielleicht im Leben echt gebetet,
Dreimal, bis in mein Unbewußtes aufgewühlt,
Die völlige Befreiung, die Gott ist, gefühlt.

Diese Zeilen beschreiben genau, was mir in jenem Augenblick geschah. Aber ein sichtbares Wunder gab es nicht, außer, daß ich mich seltsam ruhig und glücklich fühlte.

Eines Tages hielt mich ein anderer Professor, William E. Smyser, nach dem Unterricht zurück. »Norman«, sagte er, »hier sind zwei Bücher, die Sie lesen sollten.« Das eine waren die »Selbstbetrachtungen« von Mark Aurel, das andere »Die Aussprüche von Ralph Waldo Emerson«, herausgegeben von Bruce Perry. »Sie werden Ihnen helfen, die Größe, die dem menschlichen Geist innewohnt, wenn der Glaube vorherrschend in den Gedanken gegenwärtig ist, zu verstehen.« Viele Male stand ich seither vor der wundervollen Statue des Mark Aurel auf dem Kapitolhügel in Rom und versuchte, ihm für alles zu danken, was er für mich getan hat, indem er mir half, jenes normale Selbstvertrauen, das ich positives Denken nenne, zu gewinnen.

Das Bemühen, mein persönliches Problem zu lösen, war weder leicht noch kurz. Bei tiefsitzenden Schwierigkeiten braucht es manchmal sehr viel Zeit und Geduld und Ausdauer, um zu positiven Ergebnissen zu gelangen. Die Beharrlichkeit, im Ringen mit einem zähen Problem nicht nachzulassen, ist von größter Wichtigkeit. Die Neigung, sich geschlagen zu geben, leistet diesem Prozeß harten Widerstand, aber man muß dem Problem immer wieder mit positiven Gedanken und mit Glauben zu Leibe rücken, bis es endlich weiche – und das wird es, wenn man den Willen und die Standhaftigkeit hat, niemals aufzugeben.

Etwa sechs Jahre nach meinem Erlebnis auf der Treppenstufe war ich der junge Pfarrer einer Kirche im Blackstone Valley von Rhode Island. Es war eine harte Zeit, wegen eines langen Streiks in den Textilfabriken Neuenglands und einer Spaltung in der Kirchengemeinde. Ich versuchte, mit dem allem fertigzuwerden. Allmählich krochen meine alten Selbstzweifel wieder hoch, aber ich hatte das seltene Glück, einen klugen, selbstlosen Freund zu besitzen, einen Mann mit starkem Glauben, einen wahrhaft positiven Denker. Er hieß Rob Rowbottom. Als er meine negativen Bemerkungen hörte, sprach er etwas aus, das seither kraftvoll in meinem Geist weiterlebt. Es war eine der weisesten Äußerungen, die ich zeit meines Lebens gehört habe. Rob sagte einfach: »Du sollst nie Argumente gegen dich selbst sammeln.«

Schreiben Sie diese Worte auf eine Karte, und tragen Sie sie immer bei sich. Noch besser: Schreiben Sie sie unauslöschlich in Ihr Gedächtnis. Mit diesem positiven Gedanken auf Ihrer Seite kann kein Problem jemals zuviel für Sie werden.

Trotzdem hatte ich es immer noch schwer mit mir selbst. Es ist schon so, daß von allen Problemen, mit denen wir es zu tun haben, das Problem mit dem Ich oft das komplizierteste, schwierigste und zäheste ist. Doch wenn wir dieses eine lösen, werden alle anderen unendlich viel leichter.

Etwa zehn Jahre nach meinem Erlebnis auf der Treppenstufe war ich der junge, unerfahrene Pfarrer einer prominenten Kirche in der Nähe eines Universitätscampus, der Universitäts-Methodistenkirche von Syracuse, New York. Es war eine schöne Kirche, aber die Gemeinde war geschwunden, die finanzielle Schuld gewachsen. Es scheint, daß ich überhaupt immer mit schwierigen Aufgaben gesegnet war. Ich sage »gesegnet«, denn ganz unten ist ein sehr günstiger Platz: Die einzige Richtung, in die man von ganz unten gehen kann, ist aufwärts. Und zu Beginn meiner Amtszeit war diese Kirche ganz unten. Wieder einmal machte sich das alte, zählebige Gefühl der eigenen Unzulänglichkeit bemerkbar. Das ganze Unternehmen wurde in meinen Gedanken zu einem ungeheuren Problem. Meine Sicht war von dem, was ich als turmhohe Schwierigkeit sah, völlig verstellt.

Und wieder hatte ich Glück. Zu meiner Kirchengemeinde zählte einer der größten Geschäftsleute, die Syracuse je besaß. Es hieß, er sei einer der frühen Erfinder der Geschirrspülmaschine gewesen. Er betrieb einen der ersten Supermärkte der Vereinigten Staaten und ließ frisches Obst und Gemüse mit Expreßzügen aus Florida und Kalifornien einfahren, die er außerhalb der Saison vier Tage danach erntefrisch an der Salina Street verkaufte. Er war sehr religiös, leitete die Syracuser Rettungsmission, hatte aber auch die schnellsten Traberpferde von ganz Syracuse, die er im Sommer an der James Street und im Winter auf dem gefrorenen Onondagasee rennen ließ. Ein Bankier im Ort meinte einmal, Andrews habe das schärfste finanzielle Gespür von allen Leuten der Stadt; er brauche nur die Finger auszustrecken und schon fliege das Geld auf ihn zu. Ich war so fasziniert, daß ich eifrig seine Gesellschaft suchte, in der Hoffnung, diese Begabung ebenfalls zu erwerben, leider aber erfolglos.

So trug ich denn mein Problem, oder meine Probleme, diesem frommen, klugen und scharfsinnigen Manne vor. Er hörte zu, als ich die Schwierigkeiten skizzierte. Als ich schließlich, ein bißchen abgekämpft, innehielt, fragte er: »Ist das alles?« Ich nickte, worauf er mit den Händen über den Tisch wischte, als schiebe er etwas zu einem Haufen zusammen. »Ein ganz schöner Haufen«, schmunzelte er. »Das ist tatsächlich ein großes Problem, nicht wahr?« Dann sagte er: »Kommen Sie, junger Mann, gehen wir einmal um das Problem herum«, und er tat, als stupste er den Haufen an. Fasziniert starrte ich auf den rauhen, großen Zeigefinger. Er war vor Arthritis gekrümmt, aber mit diesem krummen Finger konnte der Mann mächtig geradeaus zeigen.

»Jedes Problem«, erklärte er, »hat eine schwache Stelle. Das habe ich in vielen Jahren gelernt, widersprechen Sie also nicht. Jedes Problem hat eine schwache Stelle. Wenn man sie findet, läßt sich das Problem auseinanderbrechen und eine richtige Lösung zusammensetzen.« So umwanderte er, vor sich hinmurmelnd, weiterhin das Problem. Dann: »Ah, ich hab's. Hier ist die schwache Stelle«, und er bohrte mit diesem Zeigefinger in den imaginären Haufen. »Hier können wir es anpacken. Das ist die Essenz Ihrer Schwierigkeiten. Von hier wollen wir vorwärtsgehen.« Dann fuhr er fort: »Wenden Sie positiven Glauben an. Glauben Sie, glauben Sie, glauben Sie. Beten Sie große Gebete, haben Sie große Zuversicht, kommen Sie auf große Gedanken. Erleben Sie, wie Sie große Ergebnisse erzielen. Fangen Sie an, junger Mann, mit Gottes Hilfe. Sie haben alles, was Sie dazu brauchen.« Als ich aufbrach, zeigte er mit dem großen, alten Finger auf mich: »Und glauben Sie um Gottes willen an sich selbst.« Was diese unvergeßliche Persönlichkeit auf ihre schrullige Weise ausdrückte, war, daß positives Denken zu positiven Resultaten führt.

Vor einigen Jahren meldete sich der Leiter einer der größten Industriegesellschaften unseres Landes bei mir zu einem Besuch an. Ich hatte schon oft von diesem Mann gehört und über seine Tätigkeit gelesen, ihn aber nie kennengelernt. Als er in mein Büro trat, spürte ich die Kraft seiner Persönlichkeit sofort. Mir wurde klar, daß niemand ohne große geistige Fähigkeiten und viel Talent seine herausragende Stellung in der Geschäftswelt hätte erreichen können.

Doch Herr X, wie ich ihn nennen will, war sehr mitgenommen und wies gewisse Symptome eines Nervenzusammenbruchs auf. Er erklärte, sein Arzt führe seinen schlechten seelischen und körperlichen Zustand auf Druck und übermäßigen Streß zurück. Er sagte, er habe eines meiner Bücher gelesen und in letzter Zeit einige meiner Gottesdienste besucht. Das Buch und die Reden seien für ihn hilfreich gewesen, deutete er an. Dann brachte er eine einzigartige Anregung vor; »Wenn ich physisch nicht auf dem Damm bin, suche ich meinen Arzt auf, und er gibt mir ein Rezept. Warum kann ich jetzt, da ich seelisch und vielleicht auch geistig in schlechter Verfassung bin, nicht zu Ihnen als einem geistigen und geistlichen Doktor kommen? Bitte, studieren Sie meinen Fall, und stellen Sie mir ein Rezept aus. Ich habe Vertrauen zu Ihnen, und ich verspreche Ihnen, daß ich mich an die Verordnung halten werde.«

Bei unserem Gespräch erfuhr ich, daß es ihm neuerdings davor graute, Entscheidungen in bezug auf die bedeutenden Probleme zu fällen, vor die er sich als Präsident und Generaldirektor seiner Gesellschaft fast täglich gestellt sah. Diese Reaktion befremdete ihn, weil sie ihm unerklärlich war. Früher war er immer ein Mann mit klarem Kopf und schnellen, akkuraten Entschlüssen gewesen. Irgendwie hatte der Druck, unter dem er stand, eine beklemmende Furcht vor falschen Entscheiden ausgelöst, und so wurde er ängstlich und unentschlossen. Bisher hatten Mitarbeiter, die für ihn einstehen mußten, seine Stellung beschützt, aber jetzt sagte er traurig: »Lange komme ich mit dieser Unfähigkeit, Probleme zu meistern, nicht mehr durch.«

Man muß Menschen mit Feingefühl und mit allem Know-how, das man durch Studien und Erfahrung erworben hat, behandeln. Ich hatte mehrere Zusammenkünfte mit diesem Mann und war schließlich überzeugt, daß er durch Wiederherstellung seiner früheren positiven Denkweise geheilt werden konnte. Da seine religiösen Neigungen der Grund waren, weshalb er zu mir, einem Pfarrer, kam, wollte ich ihn auf dieser Basis behandeln.

»Nun, Herr X«, sagte ich, »ich glaube, wenn Sie Ihrem Geist tiefen inneren Frieden zuführen, wird Ihr Schwung wieder zunehmen und das Vertrauen in Ihre Urteilskraft sich erholen.« Ich zitierte die großartigen Zeilen des Dichters Edwin Markham: »Im Herzen des Zyklons, der den Himmel zerreißt, ist ein Ort der zentralen Stille.« Das heißt, der Wirbelsturm, die Macht der Elemente, bezieht seine Kraft aus einem stillen Zentrum. Der menschliche Geist leitet seine Macht von zentraler Ruhe her. »Jetzt verordne ich Ihnen die folgenden täglichen Heilworte:

1. Der Friede Gottes, der höher ist als alle Vernunft, ist jetzt in meinem Geist und in meinem Körper.
2. Ich bin nicht allein. Der Herr ist an meiner Seite, und den ganzen Tag wird er mir nahe sein.
3. Gott wird mir bei jeder Entscheidung helfen, und da es im Herrn keinen Irrtum gibt, werden falsche Dinge aus meinem Geist entfernt werden.
4. Ich glaube, daß Gott mich leitet. Ich empfange diese Führung. Ich will ohne Zögern nach ihr handeln.

Wenn Sie sich nachts zur Ruhe begeben, danken Sie dem Herrn, daß er bei Ihnen ist. Wissen Sie, daß Sie richtig entschieden haben. Dann legen Sie sich in Frieden schlafen.«

»Das klingt vernünftig«! sagte er nachdenklich. Er faltete das Blatt Papier, auf das ich sein »Rezept« geschrieben hatte. »Ich werde es befolgen.« Das tat er, regelmäßig und vollständig. Es dauerte nicht lange, und er war wieder ganz der alte.

Lange Zeit danach sagte der Chef einer großen Getränkefirma zu mir: »Danke, daß Sie mich aus einem seelischen Loch heraufgezogen haben!« Als er meine Überraschung sah, nahm er ein Blatt Papier aus der Brieftasche; verwundert erkannte ich das »Rezept«, das ich Herrn X gegeben hatte. »Er hat Kopien davon an seine Freunde verteilt«, erklärte er. »Wissen Sie' er denkt richtig positiv. Und er sagt, dafür müsse man den Frieden Gottes in sich haben, denn dann fürchte man sich vor nichts mehr. Ist das nicht allerhand? Aber es funktioniert«, fügte er hinzu, »es funktioniert tatsächlich.«

Wie ich in diesem Kapitel schon gesagt habe, läßt sich ein solcher Mensch nie von einem Problem ängstigen oder außer Fassung bringen. Er weiß, daß Probleme auch Lösungen enthalten, und je härter das Problem, desto härter muß er selber sein. Bessere Ergebnisse stellen sich ein, wenn man das Problem entschlossen und intelligent angeht.

Mein langjähriger Freund George Cullum senior, dessen Firma einen großen Teil der unterirdischen Leitungen im Flughafen Fort Worth von Dallas verlegt hat, sagte: »Wenn wir auf harten, unnachgiebigen Felsen stoßen, werden wir einfach noch härter und unnachgiebiger als der Felsen.« Natürlich war George immer ein durch und durch positiv eingestellter Mensch. Und es hat sich schon oft gezeigt, daß ein hartes Problem, wenn man es mutig und mit positiver Erfolgserwartung frontal in Angriff nimmt, zu besseren Ergebnissen führt als ein sanftes oder leichtes.

Branch Rickey, der einstige Baseball-Chef, erzählte mir voll Bewunderung von dem berühmten Spieler Stan Musial. Branch hatte ihn einmal gefragt, wie er zu seinem außergewöhnlich hohen Trefferdurchschnitt gekommen sei, worauf Musial antwortete: »Ich warte immer auf den knallhart zugespielten Ball, denn wenn man den richtig abnimmt, dann läuft er, dann läuft er rund!« So geht es auch Ihnen und mir, wenn wir vor dem harten Schlag keine Angst haben, sondern uns ihm beherzt entgegenstellen; dann läuft's auch bei uns rund.

Ich denke oft an meinen alten Freund R. P. Ettinger. Er war bis zu seinem Tod mein Verleger. Bei manchen galt er als einer der fähigsten Geschäftsleute New Yorks. Wegen eines Krebsleidens verlor er die Stimme und konnte nicht mehr sprechen. Eines Tages rief mich seine Frau an: »Dick möchte, daß Sie mit ihm sprechen. Denken Sie daran, daß er Ihr Buch »Die Kraft positiven Denkens« herausgegeben hat: Sagen Sie ihm etwas, das ihm Mut macht.«

»Hallo, R. P.«, sagte ich. »Wissen Sie was? Ich finde, Sie sind so ungefähr die Nummer eins im positiven Denken. Und was noch wichtiger ist, Gott liebt Sie. Er weiß, daß Sie ein Problem bewältigen können, weil Sie einen zähen, starken Glauben haben. Sie haben aus großen Problemen schon immer Großes herausgeholt, so wird es auch diesmal sein.«

Jahre später gestand er mir, diese Worte eines Freundes, der ihn liebte und an ihn glaubte, hätten ihn »herausgezogen«. Und als ich ihn dann eines Tages mit ziemlich heiserer, aber lauter Stimme eine hinreißende Ansprache vor einer großen Versammlung halten hörte, war dies ein weiterer Beweis dafür, daß positives Denken zu besonders starken Ergebnissen führen kann.

Als Chef der Chicago Bears gewann George Halas in seiner Karriere mehr Football-Spiele als selbst der legendäre Alonzo Stagg. Er war der einzige Mann, den der berühmte Vince Lombardi je umarmte, der einzige, den er »Coach« nannte. George Halas hatte in seinem Büro einen großen eingerahmten Spruch hängen und einen ähnlichen in seinem Schlafzimmer: »Geh nie als Verlierer zu Bett.« Das ist großartig, aber das andere wohl genausogut: »Steh immer als Gewinner auf.« Wenn wir diese beiden Devisen befolgen, können auch wir starke Ergebnisse erzielen und Probleme in etwas Gutes verwandeln.

Der negative Denker tut etwas sehr Gefährliches. Er verströmt ständig negative Gedanken über alles. Damit wird seine Umwelt negativ aktiviert. Es gibt ein Naturgesetz, daß gleiches sich anzieht: »Gleich und gleich gesellt sich gern.« Auch unter Gedanken derselben Art herrscht eine solche Affinität. Wenn man negative Gedanken aussendet, kommen negative Resultate zurück: »Wie man in den Wald hineinruft, so tönt es heraus.« Es ist ein unverrückbares geistiges Gesetz von Ursache und Wirkung.

Wer positiv denkt, setzt dagegen ganz andere Kräfte in Bewegung. Er sendet robuste Gedanken des Glaubens, der Hoffnung und des Optimismus aus. Positive Gedanken strömen kraftvoll aus seinem Geist, und die Umwelt wird positiv aktiviert. Nach dem gleichen Gesetz der Anziehungskraft drängen positive Ergebnisse zum positiv Denkenden zurück. Auch dieser Vorgang ist ein geistiges Gesetz. Auf diese Weise funktioniert das Leben.

Welch ein Glück hat man, wenn man diesen schöpferischen Vorgang schon früh im Leben lernt! Aber man kann ihn in jedem Alter lernen und zum eigenen Vorteil anwenden. Ich bekam einmal einen Brief von einem Dreiundneunzigjährigen, der sein Leben lang Rechtsanwalt gewesen war. Er schrieb:

> Zeit meines Lebens, 93 Jahre lang, hatte ich einen Minderwertigkeitskomplex. [Das ist der längste, von dem ich je gehört habe.] Aber jetzt habe ich Ihr Buch gelesen, und es hat mich überzeugt. Ich habe es in die Praxis umgesetzt und möchte Ihnen melden, daß ich meinem Minderwertigkeitskomplex endlich ein Ende bereitet habe. Vielen Dank!

Das Schönste aber war das P. S.: »P. S. Die Zukunft sieht großartig aus!«

4. KAPITEL

Der positiv denkende Mensch als Vollbringer

»Ich bin nur ein Junge vom Land, der am positiven Denken arbeitet«! sagte er mit scheuem Lächeln. »Darf ich ein Stückchen mit Ihnen gehen?« Er erklärte, er habe mehrere Jahre lang motivierende Bücher gelesen, und er schien auf seine Sammlung stolz zu sein. »Das erste, das ich las, war Ihr Buch ›Die Kraft positiven Denkens‹. Mama schenkte es mir zu Weihnachten, als ich noch ein Kind war; ich bin sozusagen damit aufgewachsen. Ich glaube, daß ich meine Ziele erreichen könnte.«

»Und das wäre?« fragte ich.

»Ich will Jurist werden und vielleicht in die Politik gehen, aber das erscheint mir alles wie ein Traum, der niemals Wirklichkeit werden kann.«

»Warum denn nicht?«

»Weil wir arm sind. Und man muß das College besuchen und Jura studieren, um Rechtsanwalt zu werden. In meiner Familie ist noch nie jemand ins College gegangen. Wir sind bloß Bauersleute im Hinterland.«

Dieses Gespräch fand statt, als ich auf dem Rückweg zu meinem Hotel war. Ich hatte gerade bei einer »Motivationsversammlung«, in der sich hauptsächlich ehrgeizige junge Männer und Frauen, die im Verkauf tätig waren, eng zusammendrängten, eine Ansprache gehalten.

Mein Begleiter sagte: »Ich bin neunzehn Jahre alt, und als ich in der Zeitung von dieser Versammlung las, bin ich mit dem Bus hergefahren. Hat mich fast den letzten Dollar gekostet. Ich habe gesehen, wie Sie nach Ihrer Rede aus der Halle gingen, und bin Ihnen gefolgt. Sagen Sie mir, bitte, daß Sie glauben, ich könne es schaffen. Sagen Sie mir nur das, und geben Sie mir ein paar Tips, wie ich mein Ziel erreichen kann.«

Es war ziemlich rührend, aber auch anregend. Er war so amerikanisch: ein armer Bauernbub, der Anwalt werden und in die Geschichte seines Landes eingreifen wollte.

»Sie haben alle Voraussetzungen«, sagte ich. »Sie haben intensive Wünsche, ein festes Ziel, einen würdigen Vorsatz. Daß Sie mit dem Bus zu dieser Versammlung gekommen sind und Ihre paar wenigen Dollars dazu gebraucht haben, spricht für Ihre Beharrlichkeit. Sie haben einen guten Kopf, die Intelligenz leuchtet Ihnen aus den Augen. Sie sagen, daß Sie daran arbeiten, zu glauben. Also glauben Sie, daß Sie es schaffen. Mit Gottes Hilfe besteht kein Zweifel, daß Sie das sein können, was Sie werden wollen.«

Ich nahm einen Notizblock aus der Tasche und schrieb darauf: »Ich vermag alles durch den, der mich mächtig macht, Christus. Philipper 4,13.« Dann fragte ich: »Glauben Sie an Gott?«

»O ja.«

»Nun, Glaube und positive Gedanken sind die Geheimnisse, zusammen mit harter Arbeit, Entschlossenheit und dem Vor-Augen-Halten Ihres Zieles.« Ich deutete auf die Worte, die ich geschrieben hatte: »Sättigen Sie Ihr Gemüt mit diesen Worten. Das wird Ihnen sehr viel helfen.«

Beschwingt ging er von mir fort. Ich sah ihm nach, bis er um die Ecke zur Busstation bog, um den weiten Weg in sein Dorf zu fahren. Er winkte mir noch. Auch wenn es sentimental klingt, ich muß gestehen, daß ich einen Kloß im Hals spürte. Unser Land ist doch noch immer das gute alte Amerika, in dem junge Menschen ihren Träumen folgen können. Daß mein junger Freund seinen Weg machen wird, daran habe ich nicht den geringsten Zweifel.

Es scheint, daß ich überall, wohin ich gehe, Männer und Frauen treffe, junge und alte, die auf ein Ziel und eine Verbesserung ihres Wesens hinarbeiten. Und ich muß zugeben, daß sie mir helfen, meine eigene Motivation aufzubauen.

Im Flughafen von Atlanta stieß ich zufällig auf einen alten Bekannten, einen Firmendirektor, und wir unterhielten uns angeregt über positives Denken und wie es Menschen verändert, so daß sie ihre Ziele erreichen. Auf die Rückseite seiner Geschäftskarte hatte er geschrieben, das *positive Prinzip* sei der seelisch-geistige Vorgang, durch den jemand von Selbstbeschränkung, Verschlechterung und Versagen zu Selbstverbesserung, Wachstum und Leistung gelange.

Wenn jemand nicht so vorankommt, wie er es wünscht, dann ist logischerweise irgendeine Änderung angezeigt. Und oft, sogar meistens, nimmt er dann an, die Lösung des Problems liege in einem Berufs- oder Stellenwechsel. In Wirklichkeit aber wäre es besser, nicht den Job, sondern sich selber zu ändern. Ein gewandelter Mensch sieht seine Arbeit oft ganz anders an. Sie kann zu einer vielversprechenden Gelegenheit werden, statt die Sackgasse zu bleiben, als die sie vorher erschien. Die Änderung seiner selbst führt häufig dazu, daß sich überhaupt alles ändert.

Ein seelischer und geistiger Wandel kann genau der Vorgang sein, der jemanden zu einem Erfolg führt, von dem er zuvor nicht einmal zu träumen wagte.

Bei einer Verkaufs-Motivationsversammlung sagte ein junger Mann: »Mir gefällt diese Sache mit dem positiven Denken, aber ich habe eine stupide, langweilige Arbeit. Was kann ich da schon machen?«

»Wissen Sie was«, sagte ich, »es wäre möglich, daß gerade in diesem Job, den Sie so heruntermachen, die Gelegenheit Ihres Lebens liegt. Sie könnten in der Lage sein, einer der Spitzenleute Ihrer Organisation zu werden, wenn Sie, statt Ihre Arbeit zu verachten und die Stelle wechseln zu wollen, sich selber wirklich veränderten. Tun Sie das, und vielleicht werden Sie dann das, was Sie eine ›stupide, langweilige Arbeit‹ nennen, zu einer höchst interessanten machen. Warum stellen Sie sich nicht einmal sich selbst als genau den Mann vor, für den Ihr Arbeitgeber Sie hält? Er hätte Sie nicht an diesen Platz gestellt, wenn er nicht angenommen hätte, Sie könnten ihn ausfüllen. Er ist sehr begabt in der Personalbeurteilung. Vielleicht kennt er Sie besser als Sie sich selbst. Üben Sie sich darin, alle Leute zu mögen, und fangen Sie an, Ihre Arbeit ganz bewußt zu mögen. Ich schätze, daß Sie bald mehr Freude daran haben werden. Und dann geht es mit Ihnen aufwärts.«

Im Grunde war er jemand, der nicht an sich glaubt. Das war offenkundig Ich aber wies ihn auf das hin, was er unter der Oberfläche wirklich war und leisten konnte. Glücklicherweise war er zielorientiert, schien indessen innerlich unsicher und ziemlich negativ eingestellt zu sein. »Ich bin eigentlich kein positiver Mensch«, erklärte er. »Wie der

Chef den Eindruck gewinnen konnte, ich sei es, ist mir ein Rätsel.«

»Wahrscheinlich sieht er in Ihnen einen potentiell aufgeschlossenen, motivierten Menschen«, vermutete ich. »Haben Sie übrigens je vom ›Als-ob‹-Prinzip gehört? Ich erkläre das den Leuten immer wieder.«

Er schüttelte den Kopf: »Nein, das ist mir neu.«

»Es ist ein gesundes psychologisches Prinzip, eines, das Leute wirklich verändern kann, vorausgesetzt, daß sie sich ändern wollen. Es wurde, glaube ich, erstmals von William James festgehalten, der oft als Vater der amerikanischen Psychologie bezeichnet wird. Es bedeutet, daß sich jemand, der mit sich oder mit seiner Arbeit unzufrieden ist, sich selbst so vorstellt, wie er sein möchte, und seinen Job als eine phantastische Gelegenheit. Dann soll er handeln, als wären er und die Stelle tatsächlich so. Wenn er das beharrlich durchführt, werden die seiner Persönlichkeitsstruktur oder seinem Charakter innewohnenden starken seelisch-geistigen Kräfte zusammenwirken, um ihn und seinen Arbeitsplatz genau zu dem zu machen.«

Ich erklärte ihm, daß ich es schon so oft erlebt habe, wie änderungswillige Leute das »Als-ob«-Prinzip mit Erfolg anwendeten, daß ich fest von seiner Wirksamkeit überzeugt sei. Er hörte mit wachsendem Interesse zu, als ich ihm von schwunglosen Männern und Frauen erzählte, die ich dazu überredet hatte, so zu tun, als wären sie begeistert. Mit der Zeit hatten sie tatsächlich angefangen, sich zu begeistern. Und ich erzählte ihm von anderen, die scheu und introvertiert waren, dann bewußt so handelten, als wären sie extrovertiert und aufgeschlossen, und schließlich tatsächlich so wurden.

Er schien die Botschaft aufzunehmen, und glücklicherweise übertrieb er die Sache nicht. Er hüpfte am folgenden Morgen nicht ins Büro und verströmte eitel Freude und Begeisterung. Er blieb leise, begann sich aber für seine Aufgaben und seine Kollegen wirklich zu interessieren, besonders für die schüchternen, die es in jeder Gruppe gibt. Er gab sich Mühe, mit ihnen zu reden. Er machte denen Mut, die deprimiert waren. Die Hauptsache aber ist, daß er über sein altes, brummiges Ich hinauswuchs, und indem er tat, als ob er ein positiver, teilnehmender, aus sich herausgehender Mensch wäre, wurde er es nach und nach wirklich. Ich sah ihn danach nur noch einmal, als ich vor einem nationalen Kongreß seiner Branche sprach. Er stellte sich vor und berichtete mir von der kleinen, aber leitenden Position, die er jetzt innehatte. Wieder einmal stand ein Mann vor mir, der sich gewandelt hatte und infolgedessen auf dem besten Weg zu Zielen war, die ihm als außerhalb seiner Reichweite erschienen waren.

Es ist ein Jammer, daß so viele Menschen, die eine phantastische Lebensaufgabe erfüllen könnten, es einfach nicht tun. Statt dessen geben sie sich apathisch mit etwas Geringerem zufrieden. Der berühmte Schriftsteller James M. Barrie drückte das sehr gut aus: »Das Erfreulichste der Welt ist, daß nur wenige von uns sehr tief fallen; das Traurigste, daß wir mit solchen Fähigkeiten nur selten hoch aufsteigen.« Man kann es vielleicht auch so sagen, daß wir selbstverschuldete Opfer der Mittelmäßigkeit sind. Wir geben uns damit zufrieden, Mittelmaß zu sein, und dabei hätten wir das gar nicht nötig.

Warum schafft es jemand nicht, das zu werden, was er oder sie sein könnte? Wahrscheinlich gibt es viele Antworten auf diese Frage, aber eine einfache ist, daß der- oder diejenige nicht mit vollem Herzen bei der Arbeit oder Aufgabe ist, sich nicht mit seiner ganzen Person dafür einsetzt. Es war schon immer so, daß die Welt sich den total Engagierten schenkt und den Halbherzigen verweigert.

Wenn ich an die Vollbringer denke, die ich kennengelernt habe, so hatten sie alle gewisse Eigenschaften miteinander gemein. Immer, ohne jede Ausnahme, hatten sie ein Ziel, nicht unbestimmte, ungefähre, verschwommene Pläne, sondern ein klares, fest umrissenes Ziel. Sie wußten genau, was sie wollten, und sie arbeiteten sich mit Entschlossenheit und nie erlahmender Anstrengung zu diesem Ziel vor. Sie alle hatten Begeisterung, eine anfeuernde, glühende Begeisterung, die sie durch alle Schwierigkeiten hindurch hochhielten. Sie gaben nie auf, auch wenn der Weg noch so steinig war. All diese Eigenschaften zusammen – die Vollbringer hatten sie. Und das große Plus war, daß sie alle den Glauben hatten. Keinen Tag ihres Weges zweifelten sie oder dachten sie negativ. Alle Vollbringer, die ich kennenlernte, waren und sind positiv denkende Menschen, die starke Erfolge erzielten.

In Chicago können Sie den Namen Rubloff an zahllosen Gebäuden überall in der Stadt lesen. Arthur Rubloff ist einer der größten Immobilienhändler der Welt. Er machte die North Michigan Avenue zu einer der bekanntesten Verkehrsadern der Welt, überall »Die prächtige Meile« genannt. Er war der Neuerer des Einkaufszentrums – sein Evergreen Plaza ist ein spektakuläres Beispiel für die Wiederbelebung der Innenstadt durch das freie Unternehmertum.

Arthor ist Kunstsammler und Wohltäter, der seinen Reichtum zum Nutzen aller verwendet. Er hatte weder einen reichen Vater noch irgendwelche Hilfe auf dem Weg zur Spitze. Er schaffte es aus eigener Kraft; er verkaufte Zeitungen, putzte Schuhe und schuftete als Kombüsenjunge auf einem Frachter. Er war ein armer Junge mit einem Traum und einem Ziel und der Bereitschaft, zu arbeiten. Wenn man zu diesem Rezept noch den Willen zählt, nie aufzugeben, Enthusiasmus für das Leben, Intelligenz, positives Denken, immerfort positives Denken – dann hatte er wirklich das Zeug dazu, erfolgreich ans Ziel zu gelangen.

Ebenfalls aus Chicago stammt ein anderer berühmter Vollbringer, W. Clement Stone, der nach dem klassischen Muster als bettelarmes Kind begann, das in der South Side Zeitungen verkaufte. Heute besitzt er, wie man hört, eine Drittelmilliarde Dollar. Stone, auch er ein großzügiger Philanthrop, setzt sich ganz dafür ein, andere anzustacheln, das zu werden, was in ihnen steckt.

In einem Artikel in seiner Zeitschrift *Success* schreibt Clem Stone, man solle nicht auf die achten, die trübselig sagen: »Es geht ja doch nicht.« Er gibt ein paar kluge Ratschläge, wie man die Ausrede »es geht ja doch nicht« Lügen straft. Hier seine Worte:

> Millionen Menschen in jedem Beruf haben nie versucht, hohe Ziele zu erreichen, die erreichbar waren, oder Probleme zu lösen, die lösbar waren. Warum? Man sagte ihnen oder ließ sie glauben, »es gehe ja doch nicht«. Und sie erlernten das Wesentliche der Kunst der Motivation mit einer positiven inneren Einstellung (PMA) nicht oder wandten es nie an, das ihnen hätte

helfen können, jedes Ziel zu erreichen, das weder allgemeingültige Gesetze noch die Gebote Gottes, noch die Rechte ihrer Mitmenschen verletzt.

Sie hätten die höchsten Ziele erreichen und die schwierigsten Probleme lösen können:

… wenn sie sich dazu aufgerafft hätten, das Wichtige aus dem, was sie lasen, hörten, sahen, dachten und erlebten, zu erkennen, in Verbindung zu bringen, aufzunehmen und anzuwenden …

… Wenn sie sich hohe, wünschenswerte Ziele gesetzt, sie aufgeschrieben, sich täglich eine halbe Stunde oder mehr Zeit genommen hätten, auf ihre Ziele hin konzentriert zu lernen, zu denken und zu planen. Das Unterbewußtsein bringt durch Wiederholung, Wiederholung, Wiederholung die Antworten hervor.*

Ich übernachte häufig bei meinem langjährigen Freund John W. Galbreath auf seiner großen Farm Darby Dan in der Nähe von Columbus, Ohio. John hat führend bei der Neugestaltung der Innenstadt und der Flußviertel mitgewirkt und riesige Einrichtungen in allen Teilen der Welt erstellt, besonders im großen Viertel Mei Foo von Hongkong. Er war auch der Besitzer des Baseballklubs Pittsburgh Pirates.

Galbreath wurde auf einer armseligen 800-Ar-Farm in den Außenbezirken von Mount Sterling, Ohio, geboren und ging wie alle amerikanischen Kinder vor der Schulbuszeit zu Fuß zur Schule. Er ist ein liebenswürdiger Mensch von offenem Wesen und hat sich auch in späteren

---

* Nachdruck genehmigt. © 1983 Success Unlimited

Jahren, als sehr erfolgreicher Mann, die schlichte Bescheidenheit bewahrt, die ihm schon immer eigen war. Neben dieser Zurückhaltung aber besitzt er einen scharfen, klaren Verstand, der ihn aus der Armut zu einer hohen Stellung in der Welt führte. Heute ist er befreundet mit Präsidenten und mit Königin Elizabeth.

Wenn er von seinem Privatflugplatz auf der Darby-Dan-Farm startet, überfliegt er manchmal die steinigen 800 Ar, wo er aufgewachsen ist und wo sein Vater sich abmühte, dem kargen Boden ein paar Dollar abzuringen, um seine Familie zu ernähren. Wie wurde dieses Wunder vollbracht? John Galbreath würde Ihnen sagen, das sei erstens durch Wünschen, intensives Wünschen geschehen. Das ist sein Grundrezept für das Erreichen von Zielen: die Intensität des Wunsches. Dazu kamen ein demütiger Glaube an Gott, ein aufrechter Charakter und ein ehrliches Interesse an Menschen. Heute bemühen sie sich um ihn und ehren ihn nicht wegen seines Reichtums, sondern um dessentwillen, was er ist: ein ehrbarer, liebenswerter, bescheidener und sehr tüchtiger Mensch. Seine Geschichte, wie die von anderen, die ich gern ebenfalls erwähnen würde, ist die eines positiv denkenden Menschen – der sich Ziele setzte und sie erreichte. Ich bin sicher, er würde Ihnen ohne Zögern sagen, daß auch Sie Ihre Ziele erreichen können, wenn Sie die Grundprinzipien befolgen, die er in seinem Buch niedergelegt hat.

Um ein Ziel zu erreichen, muß man eine starke Antriebskraft haben, dazu einen intensiven Wunsch und den festen Glauben, daß es zu schaffen ist. Während ich an diesem Kapitel schrieb, kam Abraham Spector, ein alter Freund und Mitarbeiter, in mein Büro. Er ist ein hervorragender diplomierter Bücherrevisor, einer der Führenden in seinem Beruf. Ich habe manche Jahre mit Abe als persönlichem Berater zusammengearbeitet. Er ist ein echter Vollbringer. So stellte ich ihm jetzt die Frage: »Abe, was hat dich zum erfolgreichen Mann gemacht? Hattest du ein Ziel?«

Er antwortete: »Ich bin in der Bronx geboren und dort in einer armen Familie aufgewachsen. Ich will das Wort *Mittellosigkeit* nicht verwenden, das kam erst später auf. Aber wir waren arme Leute, eine arme jüdische Familie. Und«, Abe zögerte, dann fuhr er fort, »ich wollte einfach nicht mehr arm sein.«

Wie viele Amerikaner wurden schon dadurch motiviert, daß sie arm waren wie Abe Spector? Legionen. Ein anderer Abe, nämlich Abraham Lincoln, war auch arm, sehr arm sogar. Die Amerikaner hassen Armut. Lincolns Mutter sagte zu ihrem Sohn: »Abe, werde etwas!« Ich selbst stamme aus einer armen Familie. Arm zu sein ist hart, aber es hat schon viele Amerikaner dazu angetrieben, höher zu streben, etwas im Leben zu erreichen. Sie wollten nicht länger arm sein, also entwickelten sie Ziele und begannen, positiv zu denken. Sie arbeiteten und arbeiteten und dachten und dachten und glaubten und glaubten. Sie bauten ihr Leben auf dem Prinzip »Natürlich kannst du« auf, und sie erreichten ihre Ziele. Ihre starke Motivation trieb sie an.

Eine der großartigsten Demonstrationen, wie positives Denken zum Ziel führt, ist die Geschichte des unvergessenen Olympiasiegers Jesse Owens. Ich hatte das Privileg, diesen prachtvollen Athleten, diesen großen Amerikaner persönlich zu kennen. Mehrere Sportautoren sahen ihn als einen der größten Sportler in der Geschichte unseres Landes an. Jesse Owens selbst wies eine solche Einschätzung heftig von sich, aber an seiner Leistung als Sportler oder an seiner Größe als ernsthafter Christ und bemerkenswerter Mensch besteht kein Zweifel.

Eines Abends saß ich während einer Dinner-Veranstaltung des Zeitungsverlegerverbandes in Columbus, Ohio, neben Jesse Owens an der Ehrentafel. Ich brachte ihn dazu, von seinem Leben und seiner Karriere zu sprechen, und da erzählte er die folgende Geschichte: Er war in einer Familie mit äußerst beschränkten Mitteln geboren. »Wir waren materiell arm, aber geistig reich.« Er sagte auch, er sei als Knabe schmal, ja mickrig von Gestalt gewesen, von unterdurchschnittlicher körperlicher Erscheinung. Aber seine gläubige, positive Mutter brachte ihm bei, er sei dafür bestimmt, große Dinge zu vollbringen, er werde jemand sein. Er konnte nicht einsehen, wie dies möglich sein sollte. Seine Familie war doch arm und ohne Einfluß. Alles schien gegen ihn zu sein, doch seine Mutter erinnerte ihn immer wieder an Gott, den Herrn, und sagte: »Du mußt nur glauben und zuversichtlich bleiben. Du wirst geführt werden.«

Eines Tages war bei einer Schulversammlung Charlie Paddock der Redner, einer der berühmtesten Sportler der damaligen Zeit. Auf gar mancher Sportseite wurde er als »der schnellste lebende Mensch« gerühmt. Ich sah ihn einmal in der Boston-Arena laufen, er war wie ein geölter Blitz. Als er sich vom aktiven Sport zurückgezogen hatte, widmete er seine Zeit der Förderung der Jugend und hatte überall großen Einfluß auf sie.

Über tausend Kinder drängten sich an jenem Tag im Hörsaal der Schule, um den berühmten Läufer sprechen zu hören, und der kleine Jesse Owens saß in der vordersten Reihe. Owens erzählte mir, daß Charlie Paddock nach vorn an die Rampe trat, beide Hände in die Hüfttaschen steckte, wartete, bis alles ganz still war, und dann mit voller, starker Stimme rief: »Wißt ihr, wer ihr seid? Wißt ihr nicht, nein? Ich will es euch sagen: Ihr seid Amerikaner, und ihr seid die Kinder Gottes. Ihr könnt etwas werden. Ihr könnt alles werden, was ihr wollt, wenn ihr ein Ziel habt und arbeiten und glauben wollt und einen guten Charakter habt. Ihr könnt wirklich werden, was ihr wollt, mit Gottes Hilfe.«

Jesse Owens sagte mir, er habe in jenem Augenblick blitzartig erkannt, was er werden wollte; sein Ziel stand gleich fest: Er wollte der nächste Charlie Paddock werden, der schnellste lebende Mensch. Er konnte es kaum erwarten, daß die Ansprache zu Ende war, dann flitzte er sofort hinauf und packte Paddocks Hand. Mit einem Hauch von Ehrfurcht erzählte er mir jetzt: »Als ich Charlies Hand ergriff, fuhr ein elektrischer Strom meinen Arm hinauf und durch meinen Körper.«

Dann lief er zum Coach und schrie: »Coach, ich habe einen Traum, ich habe einen Traum. Ich werde der nächste Charlie Paddock! Ich werde der schnellste Mann auf Erden!« Der Coach war ein kluger Mensch, ein Anreger und Führer. Er legte dem schmächtigen, kleinen Jungen den Arm um die Schultern. »Das ist recht, Jesse. Hab einen Traum, einen großen Traum. Du wirst nie höher gelangen, als du es dir erträumen kannst. Aber du kannst so hoch kommen wie dein Traum, wenn du daran arbeitest, daran glaubst und daran festhältst. Um deinen Traum zu erfüllen, mußt du eine Leiter erklettern, die vier Sprossen hat. Merk sie dir gut: 1. Entschlossenheit, 2. Hingabe, 3. Disziplin und 4. Einstellung.«

Weiter sagte der Coach, die Einstellung sei besonders wichtig, mehr noch als die andern drei Eigenschaften zusammen, denn die Einstellung habe damit zu tun, wie jemand denke und glaube. Und bevor jemand entschlossen, hingegeben und diszipliniert sein könne, müsse er sich dem Ziel geistig und seelisch verpflichten. Er müsse auf dem ganzen Weg bis zur Erfüllung positiv darüber denken.

Ich war fasziniert, als Jesse Owens mir diese Geschichte seines Erwachens zu seinen Möglichkeiten, seinem Ziel, seinem Traum, erzählte und wie das alles Wirklichkeit werden konnte. Was geschah? Er schlug bei den Olympischen Spielen von 1936 die Welt in Bann, indem er vier Goldmedaillen errang. Er stellte den Rekord über die Hundert-Meter-Strecke ein und lief die zweihundert Meter schneller, als sie je zuvor gelaufen worden waren. Sein bei diesen Spielen aufgestellter Weitsprungrekord hielt ganze zweiundzwanzig Jahre, und seine Leistung im Staffellauf war spektakulär. Und als schließlich die amerikanische Ruhmeshalle des Sports errichtet wurde, führte der Name des schmächtigen, kleinen Jungen aus Cleveland, der einen Traum, ein Ziel der sportlichen Unsterblichkeit verfolgt hatte, alle anderen an. Denken Sie über die Geschichte von Jesse Owens nach, und seien Sie gewiß, tief im Herzen gewiß, daß auch Sie mit positivem Denken Ihr Ziel erreichen können.

Um Ihnen dabei zu helfen, nenne ich Ihnen hier zehn »Natürlich-kannst-du«-Grundsätze. Beherzigen Sie sie. Glauben Sie daran, daß sie funktionieren, wenn man sie befolgt.

1. Präge dir ein Ziel unauslöschlich ein.
2. Halte dir stets dich selbst als mit Gottes Hilfe siegreichen Menschen vor Augen.

3. Wenn ein negativer Gedanke sich in dein Gemüt schleicht, streiche ihn sofort mit einem positiven Gedanken durch.
4. Mach in deinem Geist deine Schwierigkeiten ganz klein, deine Stärken ganz groß.
5 Lehn es ab, daß die Schwierigkeit Macht über dich hat. Denk immer daran, daß die Macht des Glaubens siegt.
6. Glaub an dich.
7. Sei stets freundlich.
8. Hör nicht auf, zu lernen, zu wachsen, besser zu werden.
9. Baue eine Leiter zu deinen Träumen: Entschlossenheit, Hingabe, Disziplin, Einstellung.
10. Üb jeden Tag die größte aller Feststellungen: »Ich vermag alles durch den, der mich mächtig macht, Christus.«

Doch sehen wir den Tatsachen ins Auge: Die Probleme des Lebens können sich gegen uns verschwören. Schwierige Situationen ergeben sich aus mancherlei Ursachen. Ein vorübergehendes Nachlassen der positiven Haltung könnte eine davon sein.

5. KAPITEL

Man kann die Dinge zum Besseren wenden

»Zielt nach dem Mond. Selbst wenn ihr ihn verfehlt, landet ihr unter den Sternen.« So sprach Les Brown, früheres Regierungsmitglied eines Bundesstaates, aber heute ein populärer Redner im Bereich der Jugendmotivation. »Ein großer Schütze [= ein ›großes Tier‹] ist ein kleiner Schütze, der immer weiter schießt«, erklärte Stanley Kresge, ein prominenter Detroiter Wohltäter.

Der eine rät, hoch zu zielen, der andere, stets weiterzumachen. Beide Grundsätze sind wichtig, um zu wissen, wie man die Dinge für sich zum Besseren wendet.

Wenn »es« bei Ihnen nicht richtig läuft, dann fragen Sie sich zuerst, ob Sie Gutes oder Schlechtes denken. Es ist eine feststehende Tatsache, daß äußere Gegebenheiten dazu neigen, sich inneren Denkweisen anzupassen. Gedanken sind lebendig und erzeugen Schwingungen, die hinauswirken. Sie haben eine starke Anziehungskraft. Es ist Sommer, während ich dies schreibe, und gestern klagte mir ein Bekannter, er könne einfach keinen Sommerabend im Freien verbringen, weil er »alle Stechmücken des ganzen Landes anziehe«. Ich will nicht behaupten, daß Denken die Mücken anzieht (obwohl es durchaus sein könnte), aber sicher ist, daß nichtpositives Denken nichtpositive Resultate anzieht, die weit mehr Schaden anrichten können als alle Stechmücken.

Ich kannte einmal einen Mann, der einen gewissen Erfolg erreicht hatte, aber der Industriezweig, in dem er als Angestellter tätig war, wurde von einer Krise betroffen. Viele Arbeiter mußten entlassen werden, darunter auch er – vorübergehend, wie man ihm sagte. Irgend etwas geschah mit seinen Gedanken, als die Arbeitslosigkeit anhielt und er in finanzielle Bedrängnis kam. Schließlich mußte er eine Arbeit niedrigen Ranges annehmen und auch noch froh sein, daß er sie bekam. Es war die einzige Möglichkeit, für seine Frau und seine Kinder ein paar Dollars nach Hause zu bringen. Seine negative Haltung verstärkte sich, ausgelöst vielleicht dadurch, daß sein Bruder ein angesehener und erfolgreicher, ja, berühmter Mann war. Immerhin, er schuftete weiter und machte seine Sache gut.

Ich war in seiner Nähe zu einem Vortrag engagiert, und er traf mich im Café des Motels, in dem ich wohnte. Anscheinend hatte er eines meiner Bücher gelesen und hatte wohl das Gefühl, ich könnte ihm helfen. Seine unmittelbare Sorge sei, sagte er, daß eines seiner Kinder vor dem Eintritt ins College stand und die übrigen in wenigen Jahren nachrücken würden. Die Frage war nun, wie in aller Welt er ihnen das Studium finanzieren sollte. Er war eben der »Versager der Familie«, während sein Bruder es zum »großen Tier« gebracht hatte.

»Was hat der Erfolg Ihres Bruders mit diesem Problem zu tun?« fragte ich. »Wir reden hier von Ihnen und Ihren Kindern.«

»Ach, ich bin eine Niete, schon immer gewesen. Mein Bruder hat den ganzen Grips. Ihm gelingt immer alles.«

»Sie brauchen ein größeres Einkommen, nicht wahr?« Er nickte. Da fuhr ich fort: »Sie haben eben mehrere

Gründe aufgezählt, warum Sie nicht zu den erforderlichen größeren Einnahmen kommen. Einer davon ist, daß Sie nicht gegen sich selbst, sondern gegen Ihren Bruder wetteifern. Ein anderer liegt in Ihrer Selbsterniedrigung: Sie machen sich dauernd schlecht. Wissen Sie nicht, daß wir alle die Tendenz haben, uns mit unserer Selbsteinschätzung selbst im Wege zu stehen? Beginnen Sie doch einmal damit, sich selber mehr zu achten, und Sie könnten auch anfangen, auf Ihren Bruder stolz zu sein. Mit Großzügigkeit ihm gegenüber werden Sie nämlich einen Strom von Großzügigkeit und Gedeihen auslösen, der zu Ihnen zurückfließt.«

Offensichtlich besaß dieser Mann mehr Fähigkeiten, als ihm bewußt war, aber er hatte sich so lange herabgesetzt, daß er selber daran glaubte, zweitklassig zu sein. Er war ein ausgesprochener Selbstverächter geworden. Tagtäglich verstieß er gegen einen der wesentlichsten Grundsätze des Erfolgs: Sammle nie Argumente gegen dich selbst. Er hatte sein eigenes Image so ausdauernd getrübt, daß er sich nur noch als totalen Versager sah. Diese ganze Masse von Negativem hatte sich dadurch aufgebaut, daß er den Erfolg seines Bruders übelnahm. Innerlich stand er im Wettkampf mit seinem Bruder und hatte dabei eine Versagerhaltung entwickelt, die sich in eine »Ich kann nichts, ich tauge nichts«-Einstellung flüchtete. Immerhin flackerte in ihm noch so viel Hoffnung, daß er nun jemanden um Rat bat, von dem er sich eine gewisse Hilfe versprach.

Ich schlug ihm einen Plan vor, den er befolgte. Das verhalf ihm zum Start auf dem Weg zu einem erfolgreichen Leben. Der erste Schritt betraf seine Einstellung zu seinem Bruder, zu sich selbst und zu seiner Arbeit. Er sollte aufhören, seinen Bruder zu beneiden und im Geist mit ihm einen Wettkampf auszutragen. Dafür mußte er mit sich selbst wetteifern. Er mußte sich vorstellen, er sei jemand, der seinen Job täglich besser erfülle. Das bedeutete, sich selbst herauszufordern, an sich zu glauben und sich die erfolgreiche Leistung klar vor Augen zu halten.

Ich forderte ihn auf, alle seine Vorzüge an Persönlichkeit, Intelligenz, Erfahrung und angeborenen Fähigkeiten auf einem Blatt Papier aufzulisten; das zwang ihn, sich als »jemanden« zu erkennen, statt wie bisher als einen Niemand einzuschätzen. Wenn diese Psychologie des Selbstbildes richtig entwickelt wird, hat sie die Kraft, eine vernünftige Selbsterkenntnis zu schaffen und zu einem normalen Selbstvertrauen zu führen. Daß dieser Mann im Grunde tüchtig war, zeigte sich in seiner Fähigkeit, die Krücke des Sich-selbst-Herabsetzens abzuwerfen und den Weg zu einer gesunden seelischen Selbstachtung zu wagen. Er lernte, normal an sich zu glauben.

Nach und nach entwickelte er gute Gefühle gegenüber seinem Bruder. Die beiden kamen sich näher, und zuletzt ergab sich daraus eine Beziehung, in der jeder am Leben des anderen Anteil nahm. Als seine seelische Robustheit und damit sein Selbstvertrauen wuchsen, wurde er auch mehr geachtet und stieg schließlich in eine höhere Stellung auf. Natürlich geschahen diese Verbesserungen nicht von einem Tag auf den anderen. So etwas geht selten schnell. Das Auftauchen aus krankhaftem Negativdenken und der Selbstverachtung ist weder ein rascher noch ein müheloser Vorgang. Wenn jemand aber einmal den Willen hat, sich zu verbessern, einen Plan ausarbeitet und ernsthaft befolgt, dann wird sich das gewünschte Ergebnis einstellen. Die Dinge wenden sich zum Besseren, weil der betreffende Mensch besser wird.

Nur *eine* Fortsetzung dieser faszinierenden Geschichte eines ehemals mutlosen Mannes, der namenlos bleiben muß, weil ich es ihm versprochen habe, will ich noch erzählen. Sie betrifft sein ursprüngliches Problem, die Frage, wie er in jener schweren Zeit des Neuaufbaues seiner Persönlichkeit seine Kinder durch die Hochschule bringen sollte. Ich wies ihn auf das Prinzip der Vorstellung, der Veranschaulichung hin: Er sollte sich jedes der Kinder vor Augen halten, wie es zu seiner Zeit gut vorbereitet auf das College gehe, sollte jedes »sehen«, wie es arbeitete, um die Schulkosten mitzutragen, und sich das Bild einprägen, wie jedes bei der Abschlußfeier in Barett und Talar vortreten würde, um sein Diplom entgegenzunehmen.

»Ich weiß nicht, wie wir es geschafft haben, ich werde es nie wissen«, gestand er mir lange Zeit später. »Aber wir alle hielten uns dieses ›Bild‹ ständig vor Augen, und dann wurde es Wirklichkeit. Es war ein Wunder«, schloß er staunend.

»Sie handelten nach wissenschaftlichen positiven Prinzipien des Denkens und der Einstellung«, sagte ich. »Und dank Ihrem starken religiösen Glauben hatten Sie die Macht des Geistes vollends auf Ihrer Seite.« Dieser Mann und seine ganze Familie fanden das unbezahlbare Geheimnis, wie man die Dinge zum Besseren, zum viel Besseren wendet.

Wenn es für Sie nicht gut läuft und Sie auf der Suche nach Verbesserungsmöglichkeiten sind, dann kann ich Ihnen noch ein anderes Vorgehen wärmstens empfehlen: Beginnen Sie das Gesetz des Nachschubs zu praktizieren, und bleiben Sie dabei. Es wird in Ihrem Leben Wunder wirken. Das kann ich persönlich bestätigen, denn es hat dies bei mir selbst getan. Das Gesetz des Nachschubs ist eines der großartigsten Erfolgsgeheimnisse, die ich je entdeckt habe. Eine beträchtliche Anzahl Menschen, denen ich zu dieser wunderbaren Art des Denkens und Tuns geraten habe, werden begeistert bezeugen, daß es stimmt, was ich Ihnen hier sage.

Was ist das Gesetz des Nachschubs? Es ist das Wirken des Prinzips der Fülle, von dem Jesus Christus sprach, als er sagte: »Ich bin gekommen, daß sie das Leben und volle Genüge haben sollen« (Johannes 10,11). Davon ist auch in Lukas 17,21 die Rede: »Denn sehet, das Reich Gottes ist inwendig in euch«, was sich auf alle die großen Werte und Segnungen des Lebens bezieht: Hoffnung, Gesundheit, Liebe, Freude und all das Gute, das der Schöpfer uns mitgegeben hat. Nach dem Gesetz des Nachschubs strebt unser eigenes Gutes zu uns hin und wird uns ständig »zur Genüge« zufließen, wenn wir den Strom nicht selber durch negatives Denken und Handeln abblocken.

Wenn Sie ein wahrhaft gläubiger Mensch werden und positiv und aufgeschlossen in Ihrem Glauben sind, Ihr Bestes denken, Ihr Bestes tun und Ihr Bestes sind, dann wird das Gesetz des großzügigen Nachschubs wirksam. Dann kann Gott Ihr Gutes, das Er Ihnen zugedacht hat, aktivieren und Ihnen ungehindert zufließen lassen.

Meine Frau Ruth und ich halten uns an dieses Gesetz, seit wir geheiratet haben. Wir begannen unsere Ehe mit einem Minimum an finanziellen Mitteln, aber Ruth, zum positiven Denken geboren und eine Frau mit unerschütterlichem Glauben, hielt auch in unseren schlimmsten Zeiten eisern fest, der Herr werde für alles sorgen. Wenn wir das unsere tun und den Menschen helfen wollten, so gut wir nur könnten, und Vertrauen und Zuversicht hätten, dann würde, erklärte sie, für uns gesorgt, und wir bekämen stets von neuem die Kraft, weiterzumachen. Bei der Entwicklung dieser Weltanschauung war sie auf eines der feinsten aller Gesetze gestoßen, eben das Gesetz des Nachschubs.

Wir hatten ihm schon zwanzig Jahre lang nachgelebt, als wir erstmals einen Namen dafür hörten. Unser Sohn John war als Student in die Deerfield-Akademie in Massachusetts eingetreten, und dort lernten wir Dr. Frank Boyden kennen, einen der größten Schuldirektoren und herausragendsten Lehrer, die Amerika je hatte. Frank war menschlich und intellektuell ein weiser Mann und ein wahrhaft positiv denkender Mensch. Als er uns den prachtvollen Campus mit den großartigen Gebäuden und Einrichtungen zeigte, kam ich aus dem Staunen nicht heraus, wußte ich doch, daß er diese Schule aus ganz bescheidenen Anfängen aufgebaut hatte.

»Wie haben Sie das bloß geschafft?« fragte ich.

Er lächelte: »Die Bank hat mich sicherlich viele Male abgeschrieben, aber ich spürte einfach, daß ich ein Gotteswerk tat, wenn ich jungen Schülern half, erfolgreiche und gute Menschen zu werden. Und da ich mich vom himmlischen Vater zu dieser Aufgabe berufen fühlte, wußte ich, daß er mich nicht würde scheitern lassen. So kamen die Mittel immer herein, und sie kommen heute noch. Ich war und bin auf der Empfängerseite von Gottes Gesetz des Nachschubs. Wenn man alles gibt, was man kann, dann gibt Gott in Fülle zurück«, schloß er.

Während Franks Worten mußte ich an die bedeutsamen Verse über dieses Gesetz in Maleachi 3 denken:

»Bringet aber die Zehnten ganz in mein Kornhaus, auf daß in meinem Hause Speise sei, und prüfet mich hierin«, spricht der Herr Zebaoth, »ob ich euch nicht des Himmels Fenster auftun werde und Segen herabschütten die Fülle.«

Ruth und ich hatten unsere Zehnten abgeliefert, auch dann, wenn wir materiell praktisch nichts besaßen. Und wir hatten Gottes reichen Segen empfangen. Bei diesem Gespräch mit Frank Boyden erkannte ich, daß wir mit einem Grundgesetz des Gedeihens gearbeitet hatten. Als wir von Deerfield wegfahren, sagte Ruth fast ehrfürchtig: »Das Gesetz des Nachschubs – aber das ist es doch, was wir die ganze Zeit befolgt haben. Das ist unser großes Lebensgeheimnis.«

»Deines, mein Schatz«, sagte ich. »Ich habe es von dir gelernt, und du lerntest es von Gott.«

Heute, Jahre später, geben wir noch immer unseren Zehnten ab, aber wir geben nicht zehn, sondern oft zwanzig oder dreißig Prozent. Ich würde nie auch nur daran denken, diese Praxis zu ändern, denn ich glaube daran, daß sie das Gesetz des Nachschubs in Gang hält. Und wenn man außer Geld auch Liebe und menschliche Hilfe gibt, dann kommt das Gute noch reichlicher zurückgeflossen. Das lateinische Wort für Fülle, *abundantia,* bedeutet eigentlich ein Überströmen, Überfließen – dein Gutes fließt im vollen Strom der göttlichen Großmut über.

Wenn es für Sie nicht gut läuft und Sie sich abmühen, die Antwort auf das Problem zu finden, wie die Dinge zum Besseren gewendet werden könnten, dann rate ich Ihnen, einmal über diese grundsätzliche Möglichkeit nachzudenken, eine Wende herbeizuführen. Denn Gott will, daß Sie gedeihen. Das steht im 1. Psalm:

> Wohl dem, der nicht wandelt im Rat der Gottlosen,
> noch tritt auf den Weg der Sünder,
> noch sitzt, da die Spötter sitzen. (…)
> Der ist wie ein Baum, gepflanzt an den Wasserbächen,
> der seine Frucht bringt zu seiner Zeit,
> und seine Blätter verwelken nicht;
> und was er macht, das gerät wohl. (Verse 1 und 3)

Die Bibel, in der doch die Sprache auf vollkommenste Weise eingesetzt wird, um die größten Dinge zu beschreiben, hat Mühe bei der Schilderung der Reichtümer, die der Allmächtige uns zu geben wünscht. Im ersten Brief des Paulus an die Korinther (2,9) heißt es; »Was kein Auge gesehen hat und kein Ohr gehört hat und in keines Menschen Herz gekommen ist, was Gott bereitet hat denen, die ihn lieben.« Der Schöpfer aller Naturgesetze hat auch das Gesetz des ewigen Nachschubs geschaffen, um uns aus seiner grenzenlosen Fülle wunderbare Schätze zukommen zu lassen. Es könnte also sein, daß wir, wenn es uns schlecht gehe, den schöpferischen Kontakt verloren haben. Damit es uns besser gehe, brauchen wir infolgedessen nur eine vollkommenere Verbindung mit dem reichen Strom des Guten.

Der kluge Dr. Samuel Johnson erklärte einmal: »Es ist mindestens tausend Pfund im Jahr wert, einen hellen Standpunkt zu haben.« Ich finde, es ist noch viel mehr wert, denn düsteres Negativdenken ist dem Glück und Wohlergehen so entgegengesetzt, daß es dieses geradezu vertreibt. Das Glück wendet sich vom zweifelerfüllten

Geist ab. Denken Sie daran: Zweifel haben die Tendenz, zweifelhafte Ergebnisse zu erzeugen. »Wir wissen aber, daß denen, die Gott lieben, alle Dinge zum Besten dienen«, steht im Römerbrief 8,28. Sagen Sie sich jeden Morgen, wenn alle Dinge zusammenwirken, um Ihnen zum Besten zu dienen, dann werden sich Türen öffnen, werden Gelegenheiten kommen, wird alles sich zum Besseren wenden. Dieser starke, gesunde Glaube wird die Ängstlichkeit von Ihnen nehmen, das kreative Denken anregen und die äußeren Umstände zu Ihren Gunsten verschieben. Nur müssen Sie daran glauben, wirklich glauben, um den geistigen Vorgang entsprechend in Schwung zu halten. Hören Sie nicht auf zu glauben, vielleicht erleben auch Sie es, daß nach dem Text eines alten Kirchenliedes »des Himmels Segen sich wie ein Regen« über Sie ergießt.

Sagen Sie nie, Segnungen seien rar, oder auch nur, Geld sei rar; allein die Behauptung kann beides von Ihnen verscheuchen. Sagen Sie nicht, die Zeiten seien hart, denn, wie Charles Fillmore weise feststellte, »nur schon diese Worte ziehen die Schnüre deines Geldbeutels so zusammen, daß nicht einmal die Allmacht selbst einen Fünfer hineinstecken kann. Fülle jede Ritze und Ecke deines Denkens mit dem Wort *viel, viel, viel.«* Bestätigen Sie sich also jeden Morgen, Mittag und Abend laut »viel, viel, viel« und dann, wiederum laut, »Gelegenheit, Gelegenheit, Gelegenheit«. Und derweil malen Sie sich »viel« und »Gelegenheit« aus, stellen Sie es sich bildlich vor. Räumen Sie Ihre negativen, düsteren Gedanken aus, die Glück und Wohlergehen verscheuchen, und füllen Sie Ihren Geist mit den hellen, optimistischen, positiven Gedanken, die das Gute anziehen, das Gott Ihnen schicken will.

Denken oder reden Sie nie von Mangel, denn es besteht die große Gefahr, daß Sie damit Mangel herbeiführen. Wenn Sie solche negativen Gedanken aussenden, beeinflussen Sie Ihre Umwelt negativ. Denken Sie daran; Wie man in den Wald hineinruft … Solange Sie negative Gedanken ausstrahlen, üben Sie eine starke Anziehungskraft auf negative Ergebnisse aus. Sie sollen auch nie einen Vorsatz hegen und aussprechen, von dem Sie nicht wollen, daß er in Ihrem Leben Form annimmt. Im Alten Testament steht das Versprechen: »Was du wirst vornehmen, wird er dir lassen gelingen« (Hiob 22,28).

Wenn Sie sagen: »Ich bin arm«, dann anerkennen Sie Armut. Ihr Wort ist der Ausdruck Ihres inneren Bildes. Es ist, gerade wenn es Ihnen nicht gut geht, äußerst wichtig, ein Mißerfolgsbild zu vermeiden. Der Geist, der sich immer nach Ihnen richtet, wird sonst sofort danach greifen und Ihnen den Mißerfolg als Tatsache hinstellen. Vielmehr müssen Sie durch Gedankendisziplin erzwingen, daß sich Besseres entwickelt. Gedanken und Worte können über Leben oder Tod Ihrer Zukunft entscheiden. Denken Sie daran, daß Mangel-Gedanken und Mangel-Worte dazu neigen, Mangel wirklich zu produzieren. Und denken Sie ebenso daran, daß Gedanken und Worte des Wohlergehens Sie in die Richtung von Wohlergehen und größerem Erfolg bewegen, weil man das, was man denkt und bestätigt, betet und sich vorstellt, meist auch tatsächlich wird.

Die in diesem Buch geschilderten Prinzipien sind beweisbare Wahrheiten, von vielen Menschen erlebt. Menschen, die an diese Prinzipien glaubten und sie in realen Lebenssituationen anwandten, durften erfahren, daß sich auf diese Weise die Dinge wirklich zum Besseren, zum viel Besseren wenden ließen.

Wenn Sie nur glauben *können!* Wenn Sie nur glauben *wollen!* Dann wird nichts, aber auch gar nichts unmöglich! Das ist die Wahrheit und das Evangelium, und es ist wunderbar. Es ist *die* gute Nachricht.

Ich besuchte ein Industrieunternehmen, in dem überall in der Fabrik und in den Büros Anschläge hingen, auf denen nur das eine Wort *Denken* stand. Neugierig fragte ich den Firmenchef danach, und er erklärte, das sei seine Idee gewesen. Die Arbeiter und Angestellten sollten dadurch angeregt werden, neue Ideen vorzubringen, um die Gesamtleistung des Unternehmens noch zu steigern. Über diesen Zweck hinaus aber begeisterte es den Präsidenten, die Leute, die für ihn arbeiteten, geistig zu fördern, »und«, sagte er, »wenn man jemandem die Gewohnheit beibringen kann, über seine Arbeit intensiv und konstruktiv nachzudenken, dann gelangt er zu höherer Verantwortung und höherem Einkommen«.

Er erzählte mir von einer ganzen Anzahl von Mitarbeitern, die sich Verbesserungen und Neuerungen ausgedacht hatten. Zum Teil waren es Kleinigkeiten, zum Teil revolutionäre Umstellungen. Das Ergebnis war ein Geist der Mitbeteiligung, von dem die ganze Organisation profitierte. »In ein paar wenigen Fällen aber hat die Aufforderung zum Denken das Leben von Angestellten revolutioniert, die sonst gute Routinearbeit geleistet hätten, aber niemals die Leiter hinaufgestiegen wären.«

Jede Aufgabe reagiert auf gesundes Denken; beim Denken kommen Ideen, welche die Dinge zum Besseren wenden. Und wenn Ihr Denken dazu noch positiv ist, dann haben Sie ein doppelt greifendes Werkzeug, um Verbesserungen zu vollbringen.

Wenn Sie davon überzeugt sind, daß das, was Sie hier lesen, wahr und praktisch durchführbar ist, dann ist es das Gescheiteste, nun nach Ihrer Überzeugung zu handeln. Vielleicht stellt sich ein Erfolg sofort ein, vielleicht verzögert er sich. So oder so, bleiben Sie bei Ihrem Glauben, lassen Sie ihn nicht los. Glauben Sie unentwegt. Und hören Sie nicht auf, zu denken. Bleiben Sie aktiv, und Sie werden mit Freuden erleben, daß sich die Lage der Dinge verbessert.

In der Wohnung von Commander Geoffrey Kitson und seiner Frau in Bermuda bemerkte ich einen eingerahmten Spruch an einer Wand. Er lautete: »Jeder hat in seinem Inneren – wie soll ich es nennen – eine gute Nachricht.« Was ist das für eine gute Nachricht? Nun, es könnte zum Beispiel die sein, daß Sie und ich größer sind als alles, was uns zustoßen kann. Oder daß wir es in uns haben, alles zu überwinden, was uns niederdrücken will. Auf jeden Fall bedeuten diese Worte, daß wir in uns selber finden, was wir brauchen, um eine gegenwärtige Situation zu verbessern, eine Wende herbeizuführen. In jedem von uns steckt ein Vollbringer, ein Sieger, und das ist eine gute Nachricht.

Auch Thomas A. Edison hatte einen eingerahmten Spruch an der Wand seines Arbeitszimmers: »Es gibt eine bessere Möglichkeit, es zu tun. Finde sie!« Immer wieder können wir etwas besser machen und dafür sorgen, daß es uns besser geht. Wenn ich über diese Zeile nachsinne und an all die bemerkenswerten Männer und Frauen denke, die ich kennengelernt habe, die ihre Lage verbesserten, indem sie sich selbst verbesserten, dann kommt mir immer ein unvergeßlicher Vers aus dem Buch Hiob in den Sinn:

»Wirst du dich bekehren zu dem Allmächtigen, so wirst du aufgebaut werden« (Hiob 22,23). Wer aufgebaut wird, ist größer als jede Entmutigung, jeder Rückschlag, jeder Mißerfolg.

Das ist eine stichhaltige gute Nachricht in Ihrem Inneren, eine, für die Sie dankbar sein dürfen. Wir können aufgebaut werden, so daß wir unsere Fehlschläge überragen und trotz allen Schwierigkeiten alles zum Besseren wenden. Wir können die Gewohnheit annehmen, unsere eigene Verbesserung zu erwarten und zu erleben, wie auch die Gewohnheit, gegenwärtige Umstände in bessere Zustände zu verwandeln.

Nach einem Vortrag in einer Stadthalle kam ein Mann hinter die Bühne, der wirklich in einer elenden Verfassung war. Er war jung, etwa dreißig, und berichtete, er stecke in einer hoffnungslosen Klemme. Düster fügte er hinzu, ich sei »seine letzte Hoffnung«. Wie konnte er bloß seine Lage verbessern, seine zerschlagene Karriere wieder aufbauen? Ich stellte gleich richtig, daß nicht ich seine letzte Hoffnung sei, sondern er selbst und Gott, daß ich ihm aber gern auf jede nur mögliche Weise helfen würde.

Ich ließ ihn eine Weile reden, seinen niedergeschlagenen Gedanken Luft machen. Ich bemerkte, daß er hochgewachsen war, mindestens einsfünfundachtzig, aber er stand gebeugt und zusammengesunken da, den Kopf auf der Brust, während er mir all die Gründe aufzählte, warum er mit seiner Situation nicht fertigwerden, geschweige denn sie verbessern konnte. Auf einmal fragte ich, scheinbar nebenbei: »Würden Sie mir einen Gefallen tun?«

Überrascht zögerte er: »Was soll ich?«

»Stehen Sie einmal gerade, richten Sie sich auf, so hoch Sie können.« Er tat es, aber mit hängenden Schultern. Ich wollte wissen: »Wie groß sind Sie eigentlich?«

»Einsachtundachtzig, wenn ich mich strecke.«

»Also bitte, strecken Sie sich zu Ihren vollen einsachtundachtzig. Ich möchte es sehen. Die Natur hat es gut mit Ihnen gemeint, als sie Ihnen diese Größe gab!« So angestachelt, gab er sich Mühe, in seiner ganzen Höhe dazustehen. »Sieh mal an!« rief ich bewundernd. »Was für ein Mann!«

Er blickte immer noch etwas überrascht drein, aber es war interessant zu sehen, wie er sich gerade hielt, sogar versuchte, sich noch etwas höher zu recken. »Ist das nicht ein viel besseres Gefühl als vorhin, als Sie auf etwa einsfünfundsechzig abgesackt waren?«

»Ja, ich fühle mich besser, komisch, aber es ist wirklich so.«

Da gab ich ihm ein Rezept. »Hier ist die Anleitung, wie Sie Ihrer Situation begegnen und ihr eine Wende geben können. Tun Sie die folgenden drei Dinge:

Erstens: Recken Sie sich mehrmals am Tage hoch auf, versuchen Sie, mit dem Scheitel den Himmel zu erreichen. Heben Sie den Kopf, so hoch es nur geht, streben Sie mit ihm in die Unendlichkeit. Als Gott Sie schuf, gab er Ihnen diese zwei Füße, damit Sie groß und gerade dastehen. Und er gab Ihnen einen Kopf, der hoch getragen werden soll. Wenn jemand diese aufrechte Haltung beibehält, egal, wie groß er ist, dann hat er eine Befehlsgewalt über das Leben und die Umstände. Also stehen Sie hoch aufgerichtet.

Zweitens: Denken Sie ebensohoch. Denken Sie große Gedanken, siegreiche Gedanken, Gewinner-Gedanken. Stehen Sie auch geistig hoch aufgerichtet. Sie haben mir einen wirren, düsteren Haufen negativer, unglücklicher, frustrierter, mutloser Gedanken abgeladen. Jetzt, da Sie körperlich geradestehen, tun Sie es auch geistig. Üben Sie ganz bewußt positives Denken, und bestätigen Sie es sich selbst.« Der erste Leitsatz, den ich ihm gab, war: »Es geht, und ich kann es!« Ich forderte ihn auf: »Bitte, sagen Sie das.«

»Sie meinen, laut?«

»Gewiß! Kommen Sie, wir sagen es gemeinsam: Es geht, und ich kann es!« Da stand er aufrecht und dachte aufrecht und sagte sich selbst vor, daß er körperlich und geistig eine Statur besitze, die über seine sogenannte verfahrene Situation hinausrage.

»Drittens«, fuhr ich fort, »richten Sie sich auch seelisch hoch auf. Denken Sie an die Größe Gottes. Denken Sie an sich selbst als ein unbesiegbares Kind Gottes. Sagen Sie sich zehnmal täglich laut einen der großartigsten aufbauenden Sätze des Glaubens vor: ›Ich vermag alles durch den, der mich mächtig macht, Christus.‹ Und fangen Sie gleich jetzt damit an.« Inzwischen hatte er verstanden und geriet sogar langsam in Überwinderstimmung.

Das war das Gespräch, das wir in ungefähr zehn Minuten führten. Ich konnte mir schon vorstellen, wie er sich zu einem Sieger verwandeln würde, als ich sah, daß eine neue, positive Einstellung sich in ihm festsetzte. »Gut, Dr. Peale, gut. Ich danke Ihnen sehr. Jetzt weiß ich, daß ich meine Lage verbessern kann, und mit Gottes Hilfe werde ich es auch tun.« Damit ging er hinaus in die Nacht.

Dieser Mann wandte sich tatsächlich dem Allmächtigen zu und wurde aufgebaut. Natürlich hatte er Augenblicke der Unsicherheit, sank sogar gelegentlich wieder in sich zusammen, aber er schaffte den Erfolg, weil er in seinem Denken ein anderer geworden war. Seine Grundhaltung war erneuert. Er fand die gute Nachricht in seinem Inneren. Letztlich ändert nie jemand seine Lage, wenn er sich nicht selber ändert. Jede äußere Situation ist eine Rückstrahlung der inneren Verfassung. Werden Sie innerlich ein anderer Mensch, werden Sie ein neuer Mann oder eine neue Frau, dann können Sie mit allen Widerständen fertigwerden und jede Situation zum Besseren wenden. Das ist eine Tatsache, eine große, unumstößliche Tatsache.

Und so beende ich dieses Kapitel gleich, wie ich es einleitete: »Zielt nach dem Mond. Selbst wenn ihr ihn verfehlt, landet ihr unter den Sternen.«

Jetzt sind wir bereit, über das Heute zu sprechen, dieses wunderbare, mit Gelegenheiten vollgepackte Heute.

6. Kapitel

Das Heute gehört dir, ergreif es!

Positives Denken bringt Positives, weil es den unschätzbaren Wert eines Tages würdigt, des heutigen Tages, nicht des nächsten, sondern *dieses* und jedes einzelnen Tages. Das Heute bietet uns mindestens sechzehn wache Stunden, die prallvoll sein können von Gelegenheiten, Freude, Spannung, Erfüllung. Der positive Denker weiß, daß der heutige Tag für ihn gemacht wurde und für jedermann, der ihn positiv anpacken will. Das Heute gehört ihm, also macht er ein wunderbares schöpferisches Erlebnis daraus. Seine optimistische Einstellung zum heutigen und zu jedem folgenden Tag ist dazu angetan, jeden einzelnen zu einem großen Tag zu machen: Der Tag wird das, als was er ihn sich vor Augen hält.

Jeden Morgen, seit vielen Jahren, zitiere ich beim Aufstehen einen dynamischen Tagesauftakt, den ich im kreativsten aller Bücher gefunden habe. Er wirkt für mich Wunder. Manchmal wiederhole ich ihn laut, manchmal denke ich ihn still, aber immer belebt er mich und stärkt meinen Glauben. Er bringt mich richtig in Schwung für den Tag. Außerdem habe ich über Vorträge und Bücher und Einzelgespräche wohl Tausende dazu überredet, die gleiche Aufstehgewohnheit anzunehmen. Es besteht nicht der geringste Zweifel, daß sie die richtigen Voraussetzungen für den Tag schafft. Und diese lebensvollen, inspirationsgeladenen, aufmunternden Worte, die mir jeden Morgen, ob Regen oder Sonnenschein, helfen, meinen Tag entgegenzunehmen und etwas daraus zu machen, lauten: »Dies ist der Tag, den der Herr macht; lasset uns freuen und fröhlich darinnen sein« (Psalm 118,24).

Und oft sagt meine Frau beim Frühstück: »Wir wollen heute einen guten Tag haben.« Und damit fangen wir dann auch gleich an. Eine positive Einstellung zu jedem einzelnen Tag wirkt sich so gut aus, daß es mich anspornte, dieses Kapitel »Das Heute gehört dir« zu schreiben. Sie müssen dieses Heute ergreifen, denn es ist flüchtig, nur vierundzwanzig Stunden, die schnell vorbei sind. Auch wenn Sie achtzig Jahre alt werden, haben Sie nur 29 200 Tage. Jeder davon ist daher ein kostbares Bruchstück eines Geschenkes namens Zeit, Ihre Zeit. Es ist nur sinnvoll, wenn Sie jeden Tag nutzen. Das Heute gehört Ihnen. Nutzen Sie es gut.

Ort: Korea. Zeit: ein Uhr früh. Temperatur: etwa 30° minus. Es war so kalt, daß bloße Finger am Metall kleben blieben. Ein großer, stämmiger Marineinfanterist lehnte an einem Panzer und aß mit dem Taschenmesser kalte Bohnen aus einer Konservendose. Ein Zeitungskorrespondent, der ihm zusah und wußte, daß eine schwere Schlacht sich anbahnte, stellte ihm eine philosophische Frage: »Sag mal, wenn ich Gott wäre und dir alles geben könnte, worum würdest du mich bitten?«

Der Soldat baggerte mit seinem Messer einen weiteren Mundvoll Bohnen aus der Büchse, dachte über die Frage nach und sagte dann: »Ich würde um Heute bitten.«

Ich glaube, das sollten wir alle tun. Zum Glück haben wir das Heute. Was machen wir damit? Die Antwort ist leicht: Wir arbeiten weiter auf unsere Ziele hin. Und allen Schlappen, Rückschlägen oder Widerständen zum Trotz werden wir siegen, weil wir positiv denken. Wir werden diese Ziele erreichen und schon auf dem Weg dazu glücklich sein. Wir werden die tiefe Befriedigung erleben, Gewinner zu sein.

Positives Denken bringt positive Ergebnisse, weil Sie dann das Leben lieben, gute Tage erleben, sich hineinstürzen und sich mit Begeisterung an ihre Tage, jeden einzelnen von ihnen, hingeben. Es ist eine Tatsache: Wer das Leben liebt, den liebt es wieder. Und je mehr wir ihm schenken, desto mehr schenkt es uns freudig zurück.

Meine Frau Ruth und ich waren in dem herrlichen Staat Alberta in Kanada, wo die weiten Prärien gegen die gewaltigen Rocky Mountains branden. Ich hatte in Calgary eine Rede gehalten. Früh am nächsten Morgen gingen wir zum Flughafen. Das Thermometer zeigte wenige Grade unter Null, die Luft war frisch und unverschmutzt. Am klarblauen Himmel sah man weit und breit keine Wolke. Es war ein schöner, kalter, aber sonniger Novembertag.

Wir hatten noch mehr als eine Stunde Zeit bis zum Abflug, und da wir uns beide lebendig bis in die Fingerspitzen fühlten, entschlossen wir uns zu einem strammen Spaziergang. Bald waren wir außerhalb des Flughafengeländes in der eigentlichen Prärie. Dann blickten wir uns um, und da standen in klarer Sicht die Rockies, ein atemberaubendes Panorama. Sie waren mit Schnee bedeckt, der in der Sonne wie Tausende von Diamanten funkelte. Wir zählten nicht weniger als zweiundsechzig weiße Gipfel. »Ist das nicht phantastisch!« rief ich aus. Ruths Augen glänzten vor Freude über den Morgen und die Schönheit um uns herum.

Als unser Flugzeug später startete und einen Hügel überflog, hoben sich vor uns, von Norden bis Süden, noch viele weitere weiße Bergspitzen von dem azurblauen Himmel ab. Ich war so bewegt, daß ich zu Ruth sagte: »Weißt du, Schatz, ich liebe das. Ich liebe das alles wirklich. Ich möchte diese unglaublich wundervolle Welt noch nicht verlassen. Ich möchte lange, lange leben. Das ist so hinreißend, so großartig.«

Ruth, die immer auch eine praktische Seite hat, antwortete: »Nun, wenn du das positive Denken praktizierst, über das du redest, wirst du lange leben. Du hast noch eine Menge Tage vor dir. Nehmen wir das Heute an und alle folgenden Tage, und füllen wir jeden mit der Schönheit und Romantik und Freude des Lebens, die Gott uns schenkt.«

Ja, das Heute gehört Ihnen, liebe Leserin, lieber Leser. Ergreifen Sie es! Halten Sie es! Lieben Sie es! Leben Sie es!

Da könnte jemand grämlich einwenden, das alles höre sich wie süßlicher Kitsch von Mondschein und Rosen an. Er könnte fragen: »Und was ist mit den harten Schlägen, die einen treffen? Wie wollen Sie alle die dunklen, ja tragischen Tage mit diesem schönen Gerede von ›alle Tage gute Tage‹ in Einklang bringen?«

Eigentlich hat mir noch nie jemand diese Frage wirklich gestellt. Aber ich selbst habe sie mir gestellt. Da ich ja persönlich auch nicht wenige dieser sogenannten harten Schläge einstecken mußte, erkannte ich schon vor langer Zeit die Notwendigkeit, eine positive Philosophie über harte Schläge in der Gesamterfahrung des Lebens auszuarbeiten. Im Grunde liegt das Problem weniger darin, was einem zustößt, als darin, was man darüber denkt und dagegen tut, denn es kann wirklich viel Schweres auf einen zukommen.

Dieser eine Tag, was immer er bringen mag, gehört uns, damit wir etwas mit ihm anfangen, damit wir auch aus dem, was vielleicht wie das Schlimmste aussieht, das Beste machen. Das Geheimnis besteht natürlich darin, daß man der Verzweiflung Hoffnung und der Niederlage Zuversicht »einspritzt«.

Der verstorbene Casey Stengel, berühmter Manager der New York Yankees, brachte die Idee in eine einfache Form. Man sagte, Niederlagen hätten Casey nicht geschreckt, weil er in jeder Niederlage nach einem Sieg Ausschau hielt. Niederlagen motivierten ihn offenbar lediglich dazu, noch mehr Siege zu erringen. Die harten Schläge, die er an manchen Tagen einstecken mußte, veranlaßten ihn, am nächsten Tag die Schläge zu seinen Gunsten zu wenden.

Ich persönlich fand große Hilfe in der alten Wahrheit, daß jedem Nachteil ein entsprechender Vorteil gegenübersteht. Und in schweren Zeiten half mir auch immer die Erinnerung an eine alte Redensart: »Der Hammer bricht das Glas, nicht aber den Stahl.« Wenn Sie aus gutem Material sind, dann werden die harten Schläge Sie nicht zerbrechen, sondern stählen. Und Ihre Einstellung wird aus schlechten Tagen gute machen.

Hauptmann Max Cleland war am Morgen jenes Tages in Vietnam im Jahre 1968 ein kraftstrotzender junger Mann. Doch bevor noch die Nacht anbrach, war sein starker

Körper zerstört: Eine explodierende Granate riß ihm beide Beine und den linken Arm ab. Es folgten Monate voll körperlicher Schmerzen und seelischer Pein und mühseliger Anpassung. Es erschien unwahrscheinlich, daß vor ihm noch Tage lagen, die er als Geschenk würde auffassen und schöpferisch nutzen können. Doch Cleland hatte einen starken, widerstandsfähigen Glauben. Er war bekannt gewesen für sein helles Lachen und sein ansteckendes Lächeln, und er behielt es. Natürlich gab es für ihn auch Zeiten der Verzweiflung und Tage, an denen ihm schien, daß er es unmöglich schaffen könne.

Doch Max Cleland kehrte nach Hause zurück und gehörte zwei Amtszeiten lang dem Senat seines Bundesstaates Georgia an. Dann kandidierte er als Stellvertretender Gouverneur. Als er die Wahl verlor, fühlte er sich erschlagen und versank erneut in einer Depression. Dann aber geschah etwas, was ihm gute Tage wiedergab. Während er durch den Regen nach Washington fuhr, um eine Stabsposition im Senat anzutreten, wurde ihm mit einemmal klar, wie er es beschrieb, »daß ich aus eigener Kraft nicht weiter konnte. Auf jener regengepeitschten Autostraße warf ich mich dem Herrn zu Füßen und schrie auf: ›Vergib mir, Gott, und hilf mir!‹ Als ich die Hand ausstreckte, kam Er zu mir. Seither bin ich an den schwachen Stellen wirklich stärker geworden. Und heute finde ich mehr Sinn, mehr Freude am Leben, als ich je für möglich gehalten hätte.«

Obwohl er sich nur im Rollstuhl fortbewegen kann, steht Max Cleland heute mitten in einer glänzenden Karriere. Präsident Carter ernannte ihn zum Verwalter der Veterans Administration, der größten Verwaltungsabteilung der Bundesregierung, in der er sich auszeichnete. Später wurde er mit großer Mehrheit zum Staatssekretär von Georgia gewählt. Ich habe voll Bewunderung mit angesehen, wie er riesige Zuschauermengen mit seiner unvergleichlichen Redegewandtheit, seiner überzeugenden Aufrichtigkeit und seinem optimistischen, positiven Glauben fesselte. Müßte ich die zehn glücklichsten Personen meines Bekanntenkreises aufzählen, so stünde der »behinderte« Max Cleland auf dieser Liste.

Wie wurde er zu einem Experten in guten Tagen, zu einem Genie des siegreichen Lebens? Er nennt dafür drei Richtlinien:

1. Sei bestrebt, das Problem anzunehmen. – Er betete die berühmten Worte: »Gott, gib mir die Gelassenheit, hinzunehmen, was ich nicht ändern kann.«

2. Finde eine andere Tür, die aufgeht – denn immer, wenn eine Tür zuschlägt, öffnet sich eine andere weit. Starre nicht so gebannt auf die geschlossene Tür, daß du die aufgehende übersiehst. »Ich hatte ja immer noch meinen Verstand und einen starken Arm, um einen Rollstuhl anzutreiben.«

3. Laß dir von Gott helfen.

Daß Gott ihm über die Schwierigkeiten hinweghilft und ihn Tag für Tag froh sein läßt, das sehen alle, die ihn kennen. Trotz des Schicksals, das er zu tragen hatte, hat sich Max Cleland nicht in sein Unglück vergraben. Er hatte den ungeheuer positiven Geist, zu wissen, daß der Tag noch immer ihm gehörte; er ergriff ihn und machte etwas Außergewöhnliches daraus.

Ann Person lag hilflos im Spital. Ihr Mann Herb war krank. Die Familie war praktisch mittellos. Die Zukunft sah wahrlich düster aus. Doch Ann gab sich nicht geschlagen, denn sie verstand, zwei wesentliche Dinge zu tun: denken und beten. Solange man das kann, besteht immer Hoffnung. Und in Anns Kopf kristallisierte sich eine Idee, die zu einem unerhörten Erfolg führen sollte. Aber lassen Sie sich ihre Geschichte in ihren eigenen Worten erzählen, wie sie teilweise im Magazin *Guideposts* veröffentlicht wurde.

Im Oktober 1965 lag ich flach auf dem Rücken auf der Tuberkulosestation des staatlichen Krankenhauses in Oregon. Dumpf starrte ich an die Decke. Mit der Krankheit hatte sich die Depression eingestellt. Ich erkannte, daß ich für die vergangenen 40 Jahre nicht viel vorzuweisen hatte. Ich hatte meine erwachsene Zeit verzettelt, mich mit allem möglichen abgegeben, aber für nichts richtig eingesetzt.

Als ich als Kind mein erstes Puppenkleid stichelte, war ich sicher, daß ich eine weltberühmte Modeschöpferin würde. Und manche Jahre lang verfolgte ich dieses Ziel.

Aber irgendwann im Verlauf der Zeit erlahmte meine Begeisterung, und meine Träume von einer glänzenden Karriere verblaßten. Mein Leben, einst voller Vitalität und guter Vorsätze, wurde matt und eintönig. Sogar meine Gesundheit fing an nachzulassen.

Noch nie hatte ich mich so allein und leer gefühlt – und voller Angst –, wie in jenem Spitalbett »Lieber Gott«, betete ich, »ich fürchte mich. Wenn du mich nur hier herausbringst, verspreche ich, daß ich mit meinem Leben etwas anfangen werde, was sich lohnt. Ich weiß, ich kann es nicht ohne deine Hilfe. Du mußt mir den Weg zeigen. Aber gib mir eine Chance!«

In dem Schweigen, das darauf folgte, verspürte ich ein unbeschreibliches Gefühl des Trostes. Ich schlief ruhig, geborgen im Wissen, daß ich meine Sache in Gottes Hand gegeben und damit alles getan hatte, was ich konnte.

Ich fühlte mich verjüngt – irgendwie freudig erregt über das, was die Zukunft bereithielt. Ich dachte an mein Gebet und vertraute darauf, meine Nische bald finden zu können.

Wenn ich Nähunterricht gab, fühlte ich meine alte Vorliebe am stärksten in mir aufwallen. Die Schülerinnen sagten mir oft, sie seien nie so motiviert wie in diesen Stunden.

Eines Tages schickte mir eine dankbare Schülerin einen riesengroßen Karton mit Tricotresten vom Großabnehmer einer Textilfabrik. Jersey war damals neu auf dem Markt und den meisten Heimnäherinnen praktisch fremd. Wer das Material kannte, fand es schwierig oder gar unmöglich, damit zu arbeiten. Unzählige Male hatte ich klagen gehört, daß sich Jerseystoffe verzogen, verbeulten, hoffnungslos verhedderten.

Doch die Orgie von Farben und Mustern in dem Karton war unwiderstehlich. »Probier mich aus!« schienen die Stoffe zu sagen. Ich zog einen großen, grünen Rest heraus, setzte mich an die Nähmaschine und begann zu experimentieren. Nachdem es mich einmal gepackt hatte, konnte ich kaum mehr aufhören. Ich war ganz aufgeregt, als eine Entdeckung der anderen folgte.

Am besten ging es, fand ich heraus, wenn ich einen großen Stich einstellte und den Stoff beim Nähen *auseinanderzog*. Das sprach sich herum, und im Handumdrehen waren meine Unterrichtsstunden ganz meiner neuen »Streck-und-näh«-Methode mit Jersey gewidmet. Da kam ein Anruf von einer Frau in einer Kleinstadt: Ob ich bereit wäre, dorthin zu fahren und meine Technik einigen ihrer Bekannten vorzuführen? *Tu's*, drängte mich eine leise Stimme, und ich sagte zu. Als ich hinkam, warteten 70 Damen. Und diese eine Vorführung zog eine Kette von Kursen nach sich, die mich für den Rest des Jahres auf einer wöchentlichen 800-Kilometer-Tour durch den ganzen Staat in Trab hielt.

Ich glühte vor Begeisterung über meine Arbeit und das Leben wie seit meiner Kindheit nicht mehr, und ich wußte ohne den Schatten eines Zweifels, daß Gott die Quelle dieser Lebensfreude war. Zum ersten Mal im Leben tat ich endlich, was ich tun *sollte*. Ich hatte meine Nische gefunden.

Wir ließen den Namen »Stretch and Sew« schützen, und ich begann andere auszubilden und zur Durchführung der Grundkurse zu ermächtigen. Ein halbes Jahr später eröffneten wir das erste »Stretch and Sew Center«, wo Kurse erteilt und exklusiv Jerseystoffe, Anleitungen und Schnittmuster verkauft wurden. Ich stellte eines der ersten Bücher zusammen, die je über das Nähen mit Jersey veröffentlicht worden sind, und faßte es in leichtverständlicher Sprache ab. Unglaublicherweise wurden davon mehr als eine Million Exemplare verkauft, und der Erfolg zog eine fünfjährige nationale Fernsehserie unter dem Titel »Nähen mit Ann Person« nach sich.

Herb kam auf die Idee einer konzessionierten Kette von »Stretch and Sew«-Nähzentren. Heute gibt es in den Vereinigten Staaten und Kanada 239 solcher Zentren, in denen Millionen Frauen die Methode erlernen. Neulich trat nach den Nähstunden in einer Stadt des Mittleren Westens eine kleine Frau zu mir.

»Ann«, erzählte sie mir vertraulich, »ich bin Witwe. Nach dem Tod meines Mannes war ich jahrelang einsam und verzweifelt und ohne Lebenswillen. Nur um die Zeit totzuschlagen, habe ich mich für Ihre Kurse angemeldet – aber durch sie habe ich nun ein Selbstwertgefühl bekommen, wie ich es noch nie hatte. Ich lernte Ziele setzen und Entscheidungen treffen. Ich schloß Freundschaften. Es war genau der Anstoß, den ich nötig hatte, und ich muß Ihnen einfach danken. Ihnen … und Gott.«*

Je öfter wir solche Erfolgsstorys lesen, desto mehr sollten wir uns darüber klarwerden, daß wir selbst etwas tun können. Erstaunliche schöpferische Kräfte schlummern vielleicht auch in Ihnen. Lassen Sie das Potential in Ihrer Persönlichkeit nicht brachliegen. Lassen Sie es nicht austrocknen und absterben. Was Sie tun müssen, ist nichts weiter als: aufhören, negativ zu denken, und anfangen, sich selber positiv gegenüberzustehen. Entwickeln Sie Zuversicht. Erziehen Sie sich dazu, an sich und Ihre verborgenen Talente und Fähigkeiten zu glauben. Denken, denken und denken Sie immer mehr, und fügen Sie zu den Gedanken das Gebet; diese beiden Vorgänge wirken Wunder! Wenn Sie dazu noch Mut und moralische Kraft aufwenden, vermögen Sie in sich Begabungen zu finden und

---

* Auszug mit Genehmigung des Magazines *Guideposts*

freizusetzen, von denen Sie bisher keine Ahnung hatten. Und einmal kommt ein Tag, ein großer, wunderbarer Tag, an dem Sie klar erkennen, wer Sie sind und was Sie sein können. Dann werden Sie sagen: »Der Tag ist mein!« und werden ihn ergreifen. Ann Person wußte nicht, daß ein ganzes schöpferisches Geschäftsunternehmen in ihr schlummerte, aber durch die geschilderten Vorgänge fand sie es heraus.

Eines Abends fuhr mich ein Bekannter im Wagen zu einem Vortrags-Engagement. Als wir an einem Bauernhaus vorbeikamen, sagte er: »Hier ist etwas Komisches passiert. In dem Haus wohnte ein Mann, der es bis fast zur Ruine verfallen ließ. Auch er selbst sah heruntergekommen aus. Er war so schäbig angezogen, daß er als äußerst arm galt, und lebte von der Hand in den Mund. Dann starb er, und kurz danach baute der Bezirk eine Zubringerstraße durch sein Farmland. Bei den Straßenbauarbeiten förderten Arbeiter mehrere vergrabene Milchkannen zutage. Sie waren mit Geld vollgestopft, ungefähr 200 000 Dollar in Fünfer-, Zehner- und Zwanzigernoten.«

Es stellte sich heraus, daß der »Arme« früher Vieh besessen, aber alles verkauft und das Geld in den Milchkannen vergraben hatte. »Ein törichter, bedauernswerter Tropf«, sagen wir – dabei war er nicht törichter oder bedauernswerter als diejenigen von uns, die ihre Begabung unter einer Masse von negativem Denken begraben und infolgedessen in Persönlichkeitsarmut leben. Der positive Mensch erkennt die Mittel und Möglichkeiten, die ihm zur Verfügung stehen. Er wird aus jedem Tag und jeder Situation das Beste machen. Er wird sogar dort Gelegenheiten sehen, wo scheinbar keine vorhanden sind, und etwas Außergewöhnliches zustande bringen.

Ich hatte das Glück, daß man mir nie einen Posten angeboten hat, der bereits erfolgreich war. Ich betrachte das als Glück, denn was schon sehr gut steht, muß man auf diesem hohen Niveau halten oder gar noch steigern. Wenn dagegen ein Arbeitsplatz heruntergekommen ist, kann jemand Erfolg haben, indem er ihn entwickelt und verbessert. Vier Kirchen bekam ich als Pfarrer in meinem Leben angeboten und habe jeweils angenommen, und jede war im Zustand des Niedergangs oder sogar der Auflösung. In jedem dieser Fälle hatte ich die Gelegenheit, eine Wende herbeizuführen und die vier Kirchengemeinden wieder neu zu beleben.

Das war, obwohl ich es damals nicht wußte, der große Glücksfall meines Berufslebens. Tatsächlich möchte ich allen empfehlen, eher eine etwas vernachlässigte Stelle anzunehmen als eine, in der alles glänzend läuft. Dadurch, daß man die »mindere« Aufgabe zum Erfolg führt, wird man selbst erfolgreich. Für mich jedenfalls erwiesen sich die Stellen jedesmal als größte Chance.

Wie schaffen es gewisse positiv denkende Menschen, daß sie in schwierigen Situationen so starke Ergebnisse erzielen? Ich denke da an Dr. Raj Chopra, einen erfolgreichen Pädagogen, der von den Erziehungsbehörden einer Stadt im Mittleren Westen das Angebot bekam, ihr Kreisschulinspektor zu werden. Ein CBS-Fernsehbericht über ebendiesen Schulkreis hatte gezeigt, daß die Prüfungsergebnisse der Schüler die schlechtesten im ganzen Bundesstaat waren, daß der Schulkreis, der aus zweiundzwanzig Grund-, fünf Ober- und zwei Mittelschulen bestand, dem Ruin entgegenging. Trotzdem fuhr Dr. Chopra hin, um zu sehen, ob die Stellung eine Herausforderung für ihn sein könnte. Er denkt positiv, und er packt gern schwierige Aufgaben an.

Was er antraf, war eine recht negative Situation. Die Hotelsekretärin erkannte seinen Namen, als er sich einschrieb, und meinte zynisch: »Viel Glück. Sie werden es brauchen.« Sie erzählte ihm, daß demoralisierte Lehrer sich in andere Stellen flüchteten. Als Dr. Chopra sich in der Stadt umhörte, spürte er eine allgemein schlechte Stimmung, die teilweise vielleicht auf die Fernsehreportage zurückzuführen war. Kaum jemand wußte etwas Gutes über die Schulen zu sagen, und einige Leute rieten ihm, die Stellung nicht anzunehmen. »Sie würden sich nur selber schaden«, warnten sie.

Schließlich traf Dr. Chopra eine Person, die ihn endgültig davon überzeugte, daß er absagen sollte. Der Mann saß auf den Stufen vor seiner Haustür und trank Bier aus der Dose. Das Haus nebenan war eine Grundschule. Dr. Chopra fragte ihn, was er von den Schulen seiner Gemeinde halte. »Der Mann starrte mich zuerst an«, erzählte Dr. Chopra, »dann ließ er die Bierdose sinken, drehte sich zum Schulhaus um und schnauzte: ›Wenn die Bude brennen sollte, würde ich keinen Eimer Wasser draufgießen!‹« Das gab den Ausschlag, und Dr. Chopra konnte nicht schnell genug weg und nach Hause kommen.

Beim Abendessen schilderte er seiner Familie die trostlose Situation und meinte, für diesen Schulkreis gebe es keine Hoffnung. Die Familie schwieg eine Zeitlang, dann sagte sein kleiner Sohn Dick auf einmal: »Aber Vati, was ist mit deinem Glauben? Du sagst uns doch immer, Probleme sollen Gelegenheiten sein.« Der Vater wußte, daß sein Junge recht hatte. Er änderte seinen Entschluß und nahm die Stellung an. Über seine Erlebnisse erzählte er:

Als erstes ging ich hinaus in die Schulen und unterhielt mich mit Schülern und Lehrern. Als ich eines Morgens durch einen Schulhausflur ging, kam mir eine Lehrerin entgegen. Ich grüßte sie: »Guten Morgen, Frau Jones!«

»Was soll daran gut sein?« gab sie mürrisch zurück.

»Gut ist, daß ich Gelegenheit habe, in Ihr schönes Gesicht zu sehen.«

Sie war etwas verblüfft, aber ich fuhr fort: »Der Morgen ist gut, weil wir uns beide darauf freuen, heute mit jungen Menschen zu arbeiten. Es ist doch herrlich zu wissen, daß wir aus diesem Tag für die Kinder einen besseren Tag machen werden.«

Sie starrte mich zweifelnd an.

»Und? Ist es nicht ein schöner Morgen?«

»Allerdings«, lachte sie.

Begeisterung ist ansteckend, sie überträgt sich. Aber man kann sie in anderen nicht erzeugen, wenn man sie nicht selbst verspürt.

Ein Weg dazu ist, immer nach dem Pluszeichen Ausschau zu halten. Um in einer schwierigen Lage vorwärtszukommen, muß man von dem ausgehen, was daran richtig ist, und darauf aufbauen. Wenn ein Geschrei erhoben wird, weil 20 Prozent der Schüler nicht lesen können, dann muß ich, wie ich herausgefunden habe, den Eltern zuerst einmal sagen, daß 80 Prozent der Schüler lesen *können.* Und dann fangen wir an, darüber zu diskutieren, was mit den übrigen 20 Prozent geschehen soll. Bei jeder scheußlichen Situation liegt die beste Hoffnung darin, daß man von der positiven Seite her ans Werk geht.

Als ich meinen ersten Schulbesuch in einem Klassenzimmer des heruntergewirtschafteten Schulkreises abstattete, war ich beeindruckt von den forschenden Gesichtern, die ich dort sah. Waren das die gleichen Kinder, die bei den Prüfungsergebnissen so schlecht abschnitten? Sie sahen durchaus nicht anders aus als die Schüler in anderen Städten, die ich kannte. Ich fand sogar, daß sie ausgesprochen intelligent wirkten. Und ich beschloß, ihnen das auch zu sagen.

»Ihr alle sollt wissen, daß ich meine, ihr gehört zu den aufgewecktesten Kindern, die ich je gesehen habe«, erklärte ich. »Ich bin stolz darauf, bei euch zu sein.« Als ich ihnen sagte, wie sicher ich sei, daß sie im kommenden Jahr besonders gut abschneiden würden, sah ich einen Ausdruck froher Erwartung ihre Mienen erhellen.

Wir sagten unseren Lehrern, daß wir ihre Fähigkeiten schätzten, ließen sie aber zugleich wissen, daß wir von ihnen das Beste *erwarteten.*

Wir bemühten uns immer, unseren Rektoren, Inspektoren und Lehrern einzuprägen, welche Macht in jedem einzelnen von uns liegt, im Leben anderer Menschen eine Veränderung zu bewirken.

Und wie ging das Ganze aus? Behielten die Untergangspropheten recht?

Die Prüfungsergebnisse der Schüler schwangen sich zu neuen Bestmarken auf, die Arbeitsmoral der Lehrer war hoch, und die Eltern waren stolz – so stolz, daß sie anfingen, eine alljährliche »Woche des Stolzes« zu finanzieren, mit einer großen Parade durch die Hauptstraße zu Ehren ihrer Schule und Gemeinde.

Was machte den Unterschied aus? Einfache Prinzipien des positiven Denkens oder »Kraftprinzipien«, wie ich sie gerne nenne. Egal, an welchem Platz wir stehen, wir können immer positive Gewohnheiten anwenden. Hier sind sie:

1. Begeistert sein.
2. Das Gute sehen.
3. Das Beste erwarten.
4. Lernen, daß »ich den Umschwung bewirken kann«.
5. Glauben!

Dr. Chopra wurde in der Folge als Schulinspektor in einen der großen Schuldistrikte des Landes berufen, die Shawnee-Schulen in Kansas City und Umgebung.

Eine alte Redensart lautet: »Man weiß nie, was der Tag bringt.« Man hat immer nur einen Tag aufs Mal. Keiner ist wie der andere, keiner ist bloß eine Routinesache von weiteren vierundzwanzig Stunden. Dieser Tag, jeder Tag kann Ihre goldene Gelegenheit in sich bergen, vielleicht sogar die ganz große Chance Ihres Lebens. Sie können heute eine Entscheidung treffen, die möglicherweise Ihr ganzes künftiges Dasein bestimmt. Seien Sie wachsam, damit Ihnen nichts entgeht.

Wenn Sie Gelegenheiten versäumt haben, dann wenden Sie Ihre Gedanken dem Heute zu. Lernen Sie aus der Erfahrung, aber bleiben Sie nicht im Bedauern stecken. Erkennen Sie den kostbaren Wert des jetzigen, neuen Tages an. Halten Sie sich andere, größere Gelegenheiten vor Augen, die noch auf Sie warten. Vor allem aber schätzen Sie die Gelegenheit nie gering, die mit einer harten Situation einhergeht. Gold steckt oft in hartem Fels; vielleicht gilt das auch für die Chance Ihres Lebens. Mit positivem Denken können Sie Großes schaffen, wenn Sie daran glauben, daß das Heute Ihnen gehört, und es ergreifen.

Ich habe das Privileg, bei vielen »Positives Denken«-Versammlungen oder, wie solche Zusammenkünfte manchmal heißen, »Erfolgsmotivations-Tagungen« sprechen zu dürfen. Sie ziehen in der Regel große Zuhörermengen von fünf- bis zehntausend Menschen an, zumeist jüngere Männer und Frauen, die herkommen, um sich mehrere Redner anzuhören, weil sie den Vorsatz haben, mehr aus ihrem Leben zu machen. Oft kaufen Arbeitgeber, die ihre Angestellten ermutigen wollen, gleich blockweise Eintrittskarten für diese Veranstaltungen.

Alle Redner können zweifellos von Leuten erzählen, deren Leben bei solchen Versammlungen eine Wende erfuhr. Große Zusammenkünfte haben etwas an sich, eine gewisse schöpferische Atmosphäre, die für Wunder des Persönlichkeitswandels wie geschaffen scheint. Jedenfalls haben mir immer wieder Frauen und Männer gesagt, daß »etwas mit ihnen geschehen« sei, daß sie nicht mehr so waren wie vorher. Sie wurden zielbewußt; sie entdeckten in sich Kräfte, von denen sie nichts geahnt hatten. An jenem bestimmten Tag waren sie neue Menschen geworden, selber überrascht von den bisher unbekannten schlummernden Möglichkeiten. Sie hatten gemerkt, daß es ihr Tag war, sie hatten ihn gepackt und sich auf den Weg zu ihrem persönlichen Erfolg gemacht.

Eines Abends war ich mit zwei anderen Rednern an einer Motivationsversammlung in Chattanooga. Da ich als letzter an der Reihe war, setzte ich mich weit hinten auf die Galerie, um die Wirkung meiner Vorredner auf die Zuhörermasse zu beobachten. Ein zuvorkommender junger

Mann rutschte beiseite, um mir den Randplatz zu überlassen, und bis die Veranstaltung begann, unterhielten wir uns angeregt. Aber er wußte nicht, wer ich war.

Kurz nachdem der erste Redner angefangen hatte, bemerkte ich, daß mein Nebenmann mit dem Kopf nickte und gleich darauf fest schlief. Er regte sich ein bißchen, als das Publikum bei einer humorvollen Bemerkung in Gelächter ausbrach, schlummerte aber weiter. Der Applaus am Ende der Rede weckte ihn auf. »War recht gut, nicht?« bemerkte mein Nachbar.

Wie können Sie das wissen? wollte ich fragen, unterließ es aber. Statt dessen sagte ich: »Der nächste Redner ist einer der besten. Er hat das Erfolgsgeheimnis für sich selbst entdeckt und erzählt davon. Ich weiß von vielen jungen Leuten, die nie vom Fleck kamen, die dann diesen Redner hörten und buchstäblich aus ihrer schläfrigen Gleichgültigkeit herausgesprengt wurden. Sie waren nachher die reinsten Feuerbälle und fabelhaft erfolgreich.«

»Da muß ich aber zuhören«, meinte er. Und zu meiner Überraschung hörte er wirklich zu. Der Redner schien den schläfrigen Burschen schon mit seinem ersten Satz zu packen: »Hören Sie, wer immer Sie sind, wo immer Sie sind: Dies kann Ihr großer Tag sein. Sie können schon in den nächsten Minuten anders werden. Ihr großes ungenutztes Potential kann Wirkung entfalten. Also hören Sie zu!« donnerte er. »Das Schicksal ruft Sie jetzt, an diesem Tag!«

Der junge Mann sank nicht in Schlummer. Er saß aufrecht da, lehnte sich vor, sog jedes Wort ein. Gebannt lauschte er die nächsten vierzig Minuten lang. Am Ende der Rede murmelte er: »Ich muß zu ihm, muß ihm die Hand drücken. Er hat mich angesprochen. Er hat mich angesprochen.« Mit einer kurzen Entschuldigung drängte er sich an mir vorbei und sauste die Galerietreppe hinunter auf die Bühne zu.

Ich habe ihn nie wiedergesehen, aber hinterher fragte ich den Redner, ob vielleicht ein hochaufgeschossener Jüngling mit blondem Haar mit mehr als dem üblichen Eifer nach seiner Hand gegriffen habe. »Ja, tatsächlich, und er sagte, es sei etwas mit ihm vorgegangen. Er erklärte, er werde diesen Tag nie vergessen.«

Mehrere Jahre danach fragte ich den gleichen Sprecher, ob er sich an den Zwischenfall erinnere. »O ja«, antwortete er, »und jener Bursche ist eines meiner großartigsten Beispiele dafür, wie jemand unter dem Einfluß einer einzigen Minute der Motivation, die wirklich einschlägt, seinen Tag finden und ergreifen kann und nie mehr der Versager von früher ist.«

Wir wissen nie im voraus, wann unser großer Augenblick kommen wird. Wenn wir indessen überzeugt sind, daß unser Daseinszweck noch nicht erfüllt ist, dann wird unser Tag kommen. Dann müssen wir ihn aber auch ergreifen und den Weg unseres Schicksals gehen.

Diese Lebenserfüllung kann jederzeit beginnen. Kann sein, daß sie sich für Sie gerade jetzt in Bewegung setzt, heute, beim Lesen dieses Buches. Wenn der Impuls stark genug, die Motivation eindeutig ist, kann jemand, der seine in ihm eingeschlossenen Möglichkeiten freisetzt, Erstaunliches zuwege bringen.

Vor kurzem weihte ich in einer großen Industrieanlage in Philadelphia eine Kapelle ein. Am Tag der Weihung füllte eine große Ansammlung führender Persönlichkeiten der Stadt die erlesene Kapelle, um dem Firmengründer

Michael Cardone Ehre zu erweisen. Er und seine Frau hatten erst die Armut überwinden müssen, um schließlich diese große Fabrik für Hunderte von Arbeitern und Angestellten zu errichten.

Diese tüchtigen Leute hatten ihren Tag, als sie auf die Idee kamen, alte Automobilteile und Zubehör zu reparieren oder herzustellen, vom Scheibenwischer bis zum Motor.

Viele Leute hätten die enormen Entwicklungsmöglichkeiten, die diese Idee barg, übersehen, und nur wenige hätten die Arbeit auf sich nehmen wollen. Die Cardones aber waren zuversichtlich, sie glaubten daran, daß Gott sie führte. Sie ergriffen den Tag und die Idee, aus alten Scheibenwischern und Motoren neue zu machen. Heute sind die Cardone Industries, ein Gebäudekomplex mit einer Kapelle zu Ehren Gottes im Zentrum, ein Musterbeispiel des amerikanischen Systems des freien Unternehmertums. Sie sind auch ein Musterbeispiel zweier gläubiger Menschen, die der Wahrheit »Das Heute gehört dir, ergreif' es!« nachlebten.

Natürlich hat das positive Inangriffnehmen des Lebens einen Feind, einen tückischen, hinterlistigen Feind namens Entmutigung. Entmutigung lauert stets in der Nähe, um wenn immer möglich ihr niederdrückendes Werk zu tun, doch gibt es eine Waffe, die sie zunichte machen kann.

7. KAPITEL

Positives Denken besiegt Entmutigung

Ist der positiv denkende Mensch nie mutlos? Doch, natürlich. Er ist auch nur ein Mensch, dem Auf und Ab von Stimmungen unterworfen. Aber er *bleibt* nicht mutlos, weil er lernt, mit diesem Gefühl fertig zu werden.

Das Gemüt ist etwas Veränderliches, eine Mischung von Hell und Dunkel, Höhen und Tiefen, Freude und Trübsinn, ein rhythmischer Wechsel von Stimmungsebenen. Es ist leichter, das seelische Tief überhandnehmen zu lassen, als das Hoch festzuhalten. Dazu gehören nämlich der bewußte Wunsch, der Wille und die Bemühung mit einem Netz von moralisch aufrichtenden Gedanken.

Als positiv denkender Mensch müssen Sie die Herrschaft über den Wellenzyklus übernehmen. Wenn es abwärts geht, bewegen Sie sich ruhig mit, aber sorgen Sie mit gedanklicher Kontrolle dafür, daß Sie ganz schnell wieder oben sind. Die Hauptsache ist, daß Sie in den Wellentälern der Entmutigung nicht aufgeben oder sitzenbleiben. Schalten Sie Ihren geistigen »Lift-Motor« ein, und steigen Sie aus der trübseligen Stimmung auf. Positives Denken überwindet die Mutlosigkeit.

Es ist nicht unbedingt leicht, in diesem Fach ein Meister zu werden. Dazu gehören Erfahrung und Sachverstand: Man muß die Ursachen verstehen. Wenn man über die Wechselhaftigkeit des Gemüts erst Bescheid weiß, dann besteht der nächste Schritt darin, Einsicht in dieses innere Gesetz zu gewinnen und die Stimmungszyklen zu begreifen.

Dann gilt es, brauchbare und wirksame Methoden des inneren Auftriebs zu studieren. Sie müssen verschiedene »Aufsteller« erforschen und ausprobieren, bis Sie diejenigen gefunden haben, die bei Ihnen funktionieren und Ihren persönlichen Eigenschaften am besten entsprechen.

Ich führe in diesem Kapitel ein paar praktische Methoden für die Überwindung der Mutlosigkeit auf, die sich für mich und viele andere als hilfreich erwiesen haben. Sie können sie einzeln oder in Verbindung miteinander anzuwenden versuchen. Durch solche Experimente gelangen Sie zu Ihrer eigenen Anti-Entmutigungs-Technik, mit der Sie die düsteren Stimmungen, die Ihre positive, begeisterte Haltung lähmen, für immer meistern werden.

Vorschlag Nummer eins: *Sie müssen wirklich wollen.* So einfach ist das. Sie müssen echt den Willen haben, von der Neigung zur Mutlosigkeit geheilt zu werden. Nun mögen Sie fragen: »Wie könnte denn jemand das *nicht* wollen? Wird denn nicht jeder vernünftige Mensch alles tun, um diesen lähmenden Zustand aus seinem Leben zu verbannen?« Die Antwort ist, daß wohl nur wenige von uns jederzeit »vernünftig« sind. Das heißt, wir haben ein gewisses Maß an Unlogik in uns. Wir alle sind eine Mischung aus Vernunft und Unvernunft. Wir denken nicht immer folgerichtig.

Es kommt vor, daß wir die Entmutigung dazu benutzen, ein Versagen zu vertuschen und unsere Unfähigkeit, etwas erfolgreich abzuschließen, rational zu erklären. So können wir uns sagen: »Siehst du, ich hab's ja immer gewußt, daß zu wenig in mir steckte.« Und dann können wir uns in die dunklen Schatten unseres Gemüts zurückziehen und uns trösten. In gewissem Sinne ist die Entmutigung eine Art Zuflucht, die es uns erlaubt, der Wirklichkeit auszuweichen und uns in Selbstmitleid zu wiegen. Deshalb will der halb Unterlegene, der halbwegs negative Denker die Krücke der Entmutigung gar nicht unbedingt loslassen: Er würde sonst diese Hilfe zur Flucht aus einer Welt, die ihn fordert, verlieren.

Außerdem haben wir alle, wenn auch die einen mehr, die anderen weniger, so etwas wie eine masochistische oder Selbstbestrafungs-Ader. So scheint es für viele geradezu ein Bedürfnis zu sein, sich zu quälen, natürlich nicht auf dramatische Weise, sondern nur in der milden Form der Hingabe an düstere, trübe Gedanken. Es verschafft ihnen eine gewisse Befriedigung, sich in Depressionen zurückzuziehen. Sicher, das grenzt ans Anormale, aber nicht jeder ist in allen Reaktionen völlig normal. Und doch ist es möglich, normal zu sein, und das ist eines der Ziele des positiven Denkens.

Nehmen Sie sich Ihrer Gedanken an. Sie können mit ihnen machen, was Sie wollen. Wenn Sie mit der Mutlosigkeit Schluß machen wollen, wenn Sie sie aus ganzem – wirklich ganzem – Herzen und ganzer Seele endgültig und absolut aus Ihrem Leben vertreiben wollen, dann sind Sie auf dem Siegespfad. Wenn Sie es stark genug wollen, dann können Sie Ihre Gedanken beherrschen und lenken, statt sich von ihnen herumschubsen zu lassen.

Ein gutes Beispiel ist Merton De Forrest, der vor nicht allzu langer Zeit mit fliegenden Fahnen und schallenden

Hörnern den Strom überquerte. Er hatte lange mit Mutlosigkeit zu kämpfen und versank oft in düstere Gedanken, um seine seelischen Wunden zu lecken. Schließlich aber hatte er genug von dieser pathetischen Lebensweise. Er hatte ein starkes inneres Erlebnis, das ihn im tiefsten Wesen veränderte. Er las »Die Kraft positiven Denkens«, und, was noch wichtiger ist, er wandte diese Kraft an. Eines Tages bot er seinem Hang zur Entmutigung die Stirn. Er nahm ihn geistig in die Hand und erklärte gebieterisch: »Hör zu, du, damit das ein für allemal klar ist: *Ich* bestimme über mein Leben, nicht du. Also raus mit dir, und zwar endgültig.«

Scheint seltsam, so mit einer inneren Haltung zu reden, aber es ist nicht seltsam. Es ist realistisch. Wenn Sie selbstbewußt auftreten und es ernst meinen, wird eine destruktive Einstellung unweigerlich zurückweichen, und wenn Sie weiterhin die Zügel fest in der Hand halten, gibt sie zuletzt auf. Das entdeckte auch De Forrest.

Kommt Ihnen das wie gespielte Tapferkeit vor, wie Pfeifen im finstern Wald? Das ist es durchaus nicht. Es ist vielmehr die prachtvolle Selbstsicherheit und Autorität eines souveränen Menschen, eines Gotteskindes. Es ist die ausgeübte Macht der Persönlichkeit. Erinnern Sie sich, was in der Bibel über das Herrschen geschrieben steht? »Und Gott sprach: Lasset uns Menschen machen, ein Bild, das uns gleich sei, die da herrschen (...). Und Gott schuf den Menschen ihm zum Bilde, zum Bilde Gottes schuf er ihn; und schuf sie, einen Mann und ein Weib. Und Gott segnete sie und sprach zu ihnen: (...) und herrschet (...).« (1. Moses 1,26-28).) Das ist es, was wir tun sollen: herrschen. Über unsere Gedanken gebieten. Die dunkeln meistern. Die positiven in die Pflicht nehmen. Unser Leben beherrschen, wie Gott es gewollt hat. Das ist der Anti-Entmutigungs-Tip Nummer eins.

Eine zweite Methode heißt *Stille nutzen.* Ich habe dafür in einem kleinen Taschenbuch *10 Minutes a Day in a Better Way* einen Plan aufgestellt. Mehr als eine Million Menschen haben es gelesen und danach gehandelt. Kurz zusammengefaßt geht es bei diesem Plan und seiner Anwendung auf das Problem der Entmutigung um folgendes:

Verbringen Sie jeden Tag zehn Minuten in sorgfältig ausgewählten Gedankenvorgängen. Ein gutes Ergebnis hängt von der Regelmäßigkeit ab, mit der diese Routine befolgt wird. Wer sich einen, zwei, drei Tage lang daran hält und dann einen Tag oder mehr überspringt, macht die Werte zunichte, die durch die regelmäßige Gewohnheit eingebracht werden.

Manche halten ihre Zehnminutenperiode am frühen Morgen ab, andere nach dem Frühstück und wieder andere zu unterschiedlichen Zeiten des Tages oder Abends. Ein starrer Termin braucht nicht eingehalten zu werden, aber irgendwann innerhalb von vierundzwanzig Stunden muß man sich für diese zehn Minuten Zeit nehmen. Wenn man sich regelmäßig nach diesem Plan richtet, wird schon bald ein praktischer Nutzen spürbar werden.

Wir alle sehen uns unter dem Druck der Umstände immer wieder veranlaßt, das eine oder andere bleiben zu lassen. Wer aber ernsthaft einen neuen Weg sucht, muß die feste Regel einführen, an keinem einzigen Tag auf seine Zehnminuten-Stille zu verzichten.

Gehen Sie in ein Zimmer, schließen Sie die Tür, und setzen Sie sich ruhig hin. Wenn das Telefon läutet, nehmen Sie es nicht ab. Wenn es an der Tür klingelt, gehen

Sie nicht öffnen. Lassen Sie nichts an die geistige, zutiefst schöpferische Stille eindringen, die Sie in den nächsten Minuten erleben werden. Denken Sie an die klugen Worte von Thomas Carlyle: »Die Stille ist das Element, in dem große Dinge sich zusammenfügen.« Halten Sie die Stille streng ein.

Wenden Sie Ihre Gedanken Gott zu. Denken Sie fünf Minuten lang nur an ihn. Halten Sie ihn sich als einen weisen, gütigen, liebenden Vater vor Augen. Sprechen Sie die folgenden Worte:

»Stille. Stille.
Himmlischer Vater.
Gütiger Vater.
Mein Vater.«

Sehen Sie ihn als das, genau das. Dann sprechen Sie:

»Der große Gott'
der liebende Gott,
der schützende Gott.«

Dann fügen Sie hinzu:

»Jesus Christus,
mein Herr und Heiland,
hilft mir jetzt.«

Wenn Sie dies nach unserer Anweisung tun, wird ein Gefühl des Friedens Sie einhüllen.

Während der zweiten fünf Minuten stellen Sie sich vor, wie Sie Ihre Entmutigung in die ewige Ruhe, die immerwährende Stille, die großen Hände Gottes fallen lassen. Lassen Sie sie los. Sehen Sie, wie Gott sie in seine großen Hände nimmt, sich ihrer annimmt. Währenddessen wird Ihr Inneres von dunklen Schatten reingefegt. Licht füllt jede Ritze. Jetzt vermögen Sie klarer zu denken. Ideen, wie Sie die Mutlosigkeit erfolgreich bekämpfen können, dringen ins Bewußtsein vor.

Als junger Mann steckte ich in einer Phase der Entmutigung. Am Ende einer Ferienreise überquerte ich den Atlantik. Da ich nicht schlafen konnte, zog ich mich an und ging auf das Oberdeck. Es war vollkommen dunkel. Ich stand da und schaute zu, wie die Finsternis allmählich grau wurde und überall Schatten entstanden. Dann tauchte am östlichen Horizont ein schwacher, rosiger Schein auf. Ein Abglanz der aufgehenden Sonne wurde nach oben geworfen. Lange Lichtstrahlen schoben sich über das Wasser.

Und nun geschah ein Wunder. Die große, runde Sonne schien aus dem Meer hochzuspringen und brach in all ihrem Glanz hervor. Dann sah ich etwas, das ich nie vergessen habe. Die Schatten, die in jeder Ecke und Spalte lauerten, begannen davonzulaufen. Wie Mäuse rannten sie über das Deck und sprangen offenbar in die See, denn das weiße Schiff glitt nun ohne einen Schatten heiter über das blaue Wasser des Atlantischen Ozeans. Mit einemmal war meine Niedergeschlagenheit verschwunden.

Wenn die Mutlosigkeit wirklich überhandzunehmen scheint, wendet der positiv denkende Mensch eine dritte Methode an, um sich daraus zu befreien: *Jemanden finden, der zuhört.* Das hilft ihm, zu einer normalen Haltung zurückzufinden.

Ich erinnere mich an einen Tag, an dem meine Sekretärin in mein Büro trat und meldete, eine Frau wünsche mich zu sprechen.

»Ist sie angemeldet? Und wer ist sie?« fragte ich.

»Keine Anmeldung. Ich weiß auch nicht, wer sie ist, nur, wie sie heißt. Sie sagt' sie sei unten auf der Straße vorübergegangen und habe Ihren Namen auf dem Schild bemerkt. Sie sei eine positiv denkende Frau mit gewissen Schwierigkeiten, und sie meint, Sie könnten ihr helfen.«

»Dann lassen Sie sie herein. Ich werde mit ihr reden.«

Die Frau sprach ganz geschäftsmäßig: »Danke, daß Sie mich unangemeldet empfangen. Ich werde mich kurz fassen. Dann können Sie mir einen Rat geben, und schon sind Sie mich wieder los.« Trotz ihres forschen Auftretens war eine innere Not zu spüren.

Dann erzählte sie ohne Unterbrechung. Sie wollte positiv denken lernen und war auf gutem Wege dazu. »Aber«, sagte sie, »eine Menge Sorgen und Schwierigkeiten haben sich gegen mich verschworen. So sehr ich mich auch bemühe, die Entmutigung hat meine positive Einstellung so gut wie zerschlagen.« Wenn sie dieses Gefühl der Entmutigung überwinden könnte, glaubte sie, »fände ich wieder auf mein Gleis zurück und wäre in der Lage, mit den Dingen fertigzuwerden.«

»Leeren Sie alles aus«, sagte ich. »Ich bin hier, um Ihnen zu helfen, also reden Sie. Machen Sie der Entmutigung Luft. Ich höre zu, und wenn Sie fertig sind, werde ich alles vorbringen, was ich für gut und nützlich halte.« So schüttete sie weiter ihr Herz aus. Dabei wiederholte sie sich nicht, wie es viele unorganisierte Denker tun, sondern erzählte alles in geordneter Gedankenfolge. Offensichtlich war sie ein im Denken geübter Mensch, und ich schätzte, daß sie einen ziemlich anspruchsvollen Beruf hatte.

Als sie eine halbe Stunde lang geredet hatte, schaute sie plötzlich auf die Uhr. »Oh, ich habe Ihnen viel zuviel Zeit weggenommen! Bitte, verzeihen Sie mir. Sie haben mir sehr geholfen. Ich werde Ihnen diese Freundlichkeit einer völlig Fremden gegenüber nie vergessen.« Dann verließ sie mein Büro so schnell, wie sie gekommen war. Ich fragte mich, was ich denn eigentlich für sie getan hatte. Dann wurde mir klar, daß ich ihr mit Zuhören und sie sich selbst mit dem Ausschütten ihres Herzens geholfen hatte.

Wenn Mutlosigkeit sich aufstaut, Ihre Seele zu ersticken und Ihre positive Lebenshaltung zunichte zu machen droht, dann suchen Sie einen verständnisvollen Menschen auf, der Ihnen kreativ zuhört. Leeren Sie die Masse angestauter, trüber Gedanken völlig aus. Der Geist, wenn er gut funktionieren soll, darf nie von negativen Gedanken, Mutlosigkeit eingeschlossen, überlastet sein.

Als ich Jahre später bei einer Versammlung referierte, trat in einer Reihe von Zuhörern, die mich nach dem Vortrag sprechen wollten, eine Frau auf mich zu und erinnerte mich an diesen Vorfall. »Sie haben mir an jenem Tag aus einer Krise herausgeholfen«, sagte sie, »und Gott sei Dank bin ich seither darüber hinweg.« Genau das ist »unser Geschäft«: den Menschen zu helfen, über Krisen hinwegzukommen und »darüber« zu bleiben.

Selbstverständlich darf man nicht erwarten, daß das einfache Zuhören jedesmal die Mutlosigkeit so wirksam ableitet wie bei dieser Begegnung. Daß es aber in diesem Falle möglich war, beweist, wie wertvoll der Vorgang des »Ausschüttens« an sich ist.

Lassen Sie mich Ihnen ein praktisches Dreipunkterezept geben, wie Sie Depressionen und Entmutigungen loswerden können:

1. Beten Sie sie aus sich heraus.
2. Reden Sie sie aus sich heraus.
3. Denken Sie sie aus sich heraus.

Machen Sie sich Luft, indem Sie zu Gott beten, der Ihnen zuhört und Sie versteht. Reden Sie mit jemandem, der in seinem Namen zuhört und versteht. Und benutzen Sie schließlich Ihren eigenen Verstand, Ihre eigene Vernunft, um die Sache durch- und wegzudenken. Das Problem Gott, einem Mitmenschen und sich selbst gegenüber aussprechen, das ist das ganze Geheimnis. Ein solcher geistig-seelischer Vorgang der Beseitigung entmutigender Gedanken hat, wenn er nicht bloß gefühlsmäßig, sondern mit Vernunft durchgezogen wird, eine starke heilende Kraft.

Ein guter Bekannter, ich will ihn Harold nennen, erlebte eine ganze Reihe von Widerwärtigkeiten, eine nach der andern, genug, um so ziemlich jedermann das Leben zu verleiden. Dieser Mann aber besaß einen starken Glauben und hielt den Schicksalsschlägen bewundernswert stand. Er war ein nüchterner Denker, der nicht in aufwallenden Gefühlen Gott die Schuld gab, wenn es ihm schlecht ging. Er überlegte vielmehr, daß ein großer Teil der Schwierigkeiten sein eigener Fehler sein mußte. »Der Rest war einfach der natürliche Lauf der Dinge«, sagte er. »Ein gewisses Maß an Rückschlägen muß man erwarten.«

Er ging seine Situation mit strenger Vernunft an, dachte sich sorgfältig bessere Verfahren aus, analysierte seine

Fehler, versuchte die Fehlerquellen auszumerzen. Kurz, er tat alles, was ein intelligenter Mensch nur tun kann. Trotz alledem aber hatte die Entmutigung, wie er sagte, »ihn im Griff und wollte nicht loslassen«. Langsam, aber sicher nahm die Depression überhand. Sie durchdrang seine Gedanken, sein Kontrollzentrum, und sein starker Glaube begann zu erlahmen.

Auf einmal aber entschloß sich Harold zu »korrigierendem Handeln«. Der Ausdruck stammt nicht von ihm, auch nicht von mir. Ich hörte ihn von meinem Freund Jim Knapp und habe ihn schon oft zitiert. Als Jim diese Worte einmal benutzte, leuchtete mir ihre Weisheit ein. In der Tat, der Ausweg aus jeder niederdrückenden Situation liegt darin, daß man sich ihr mit Stärke, Vernunft und geistiger Führung entgegenstellt und mit korrigierendem Handeln eingreift. *Handeln* ist dabei das Schlüsselwort. Richtiges Handeln korrigiert auch richtig.

Und *das* ist das Wichtige. Was zählt, ist nicht das, was uns zustößt, sondern wie wir über das denken, was uns zugestoßen ist. Wenn wir anfangen, richtig zu denken, nicht gefühlsbeladen, sondern objektiv, nicht negativ, sondern positiv, dann können wir entschlossen korrigierend handeln.

Da ein Gedanke etwas ist, das in Ihrem Kopf vorgeht und das Sie kontrollieren können, wenn Sie den Willen dazu haben, und da Entmutigung eine Anhäufung von düsteren Gedanken ist, haben Sie die Wahl, diese Gedanken entweder zu hegen oder hinauszuschmeißen. Zu dieser nüchternen Schlußfolgerung gelangte auch mein Bekannter. Sie war sinnvoll für ihn, denn als er den trüben Gedanken befahl, sich zu verziehen, gehorchten sie tatsächlich. Natürlich versuchten sie, sich zu wehren, aber er bot ihnen mit aller Macht die Stirn. Es dauerte nicht lange, und er hatte die Oberhand. »Ich bin zum Handeln übergegangen. Zum schlichten, alten Handeln. Ich hatte das Stöhnen und Murren und das Selbstmitleid, das diese Art Nichtdenken mit sich bringt, einfach satt. Handeln, handeln und nochmals handeln, korrigierend handeln, das ist das einzig Richtige«, erklärte er frohlockend.

»Welche Form nahm denn dieses Handeln an? Wie haben Sie korrigierend eingegriffen?« wollte ich wissen. Anscheinend war es zuerst ein körperliches Vorgehen: Er hörte auf, sich einzukapseln und herumzusitzen und trübselig immer wieder zu grübeln »Warum gerade ich?« Er ging hinaus, schwamm stundenlang, marschierte stundenlang; er fing wieder an, Golf zu spielen. Dieses Tun nahm die Belastung vom Gehirnzentrum, das die Gedanken regiert, und verschob sie auf die körperliche Tätigkeit. Sein Kopf wurde klarer, er fühlte sich besser, das Blut strömte lebhaft durch die Adern, das Herz schlug schneller. Dadurch, daß er sich körperlich anstrengte, war er erst einmal zum Handeln übergegangen, und nun begann er scharf zu denken, statt düster zu sinnen. Ideen fingen an, ihm durch den Kopf zu schießen. Eines Tages kam der Moment, in dem er jubelnd erkannte: »Ich kann es ja! Ich kann mich da herausarbeiten!« Er gewann seinen alten Schwung zurück, nicht sofort natürlich, aber schneller, als man annehmen möchte. Wenn jemand sich zu tatkräftigem, korrigierendem Handeln entschließt, tritt schon bald eine Besserung ein.

Der körperlichen Betätigung folgte eine bessere geistige Haltung, eine neue Art zu denken. Harold nahm sich in Gedanken der Reihe nach jede seiner Sorgen, jeden seiner Rückschläge vor und fragte sich, was jedes dieser Probleme ihm zu sagen habe. Er erinnerte sich an einen Satz, den ich in einem meiner Bücher zitiert habe, die großartige Feststellung von W. Clement Stone: »Zu jedem Nachteil gibt es einen entsprechenden Vorteil.« Und so suchte mein Bekannter in den scheinbar hoffnungslosen Nachteilen gewissenhaft und fleißig nach Vorteilen. Zu seiner Überraschung fand er eine ganze Anzahl, aus denen später sogar Erfolge wurden. Mit seinem neuen, positiven Geist sah alles besser aus, und die Dinge begannen sich zum Guten zu wenden. Das Handeln hatte die durch seine negative, entmutigte Geisteshaltung entstandene dumpfe Trägheit ausgetrieben.

Ein alter Bekannter Harolds fragte ihn: »Ich habe Sie lange nicht mehr gesehen. Wo haben Sie denn Winterschlaf gehalten?«

»Ich war damit beschäftigt, meine Wunden zu lecken«, antwortete Harold, »aber Gott sei Dank tauche ich jetzt aus einem scheußlichen Tief wieder auf.«

Worauf sein Freund meinte: »Da danken Sie dem Richtigen. Ich habe die Erfahrung gemacht, daß man mit Gebet und Lob Gottes den Weg aus jeder verfahrenen und entmutigenden Lage finden kann.« Harold sagte, das mit dem Beten verstehe er ja, aber das mit dem Loben sei ihm nicht so ganz klar. Sein Bekannter äußerte die Überzeugung, böse Zeiten seien einer der Wege Gottes, uns etwas zu lehren, uns heranwachsen zu helfen. Er hatte herausgefunden, daß Schicksalsschläge neue Bedeutungen gewinnen, wenn man den Herrn preist. Harold nahm diesen neuen Gedanken auf und fügte seinem körperlichen und positiven geistigen Handeln die Aktion »Gebet und Lobpreisung« hinzu. Er entdeckte, daß bei diesem ausgeglichenen Vorgehen der dunkle Vorhang der Mutlosigkeit sich noch höher hob. So fand Harold zuletzt wieder ganz zu sich selber. Die Alternative zu seiner aktiven Heilbehandlung wäre wohl ein völliges Versagen und letztlich der Zusammenbruch gewesen. Aber die Sache nahm einen anderen Verlauf. Dieser Mann ließ sich von den Schlägen, die ihn trafen, nicht brechen, sondern schlug zurück und brach neue Rekorde.

Die Geschichte erinnert mich an einen anderen langjährigen Bekannten, den verstorbenen großen Kaufmann J. C. Penney. Er stieg aus der Armut zu beachtlichem Erfolg auf, hatte sich aber während eines großen Teils seiner Erfolgskarriere mit Widrigkeiten herumzuschlagen. Ich kannte ihn gut. Eines Tages kam ich auf die Idee, ihn zu fragen: »J. C., können Sie mir bitte in einem einzigen Satz das Geheimnis Ihres Erfolgs im Leben verraten?«

»Das kann ich sogar in vier Worten: Unglück und Jesus Christus.« Er erklärte, das Unglück habe einen Mann aus ihm gemacht und Jesus Christus sei sein Retter und Führer.

Insgesamt erinnere ich mich an J. C. Penney, der über neunzig Jahre alt wurde, als an einen glücklichen Menschen. Dieses Glück erwuchs ihm aus seinem starken christlichen Glauben. Nur ein einziges Mal erlebte ich ihn entmutigt und deprimiert. Das war nach einem der schwersten Schicksalsschläge in seinem Geschäftsleben. Da steckte er in tiefster Verzweiflung und war untröstlich.

Dann hörte er aus der Ferne einen Gesang. Es war ein altes Kirchenlied, das er besonders liebte: »Verzweifle nicht, was immer auch geschieht, Gott nimmt sich deiner an.« Mit einemmal hob sich seine Mutlosigkeit, und wie durch ein Wunder war er von ihrer zerstörerischen Wirkung befreit.

Als ich viele Jahre später bei seiner Beerdigung eine Trauerrede hielt, wurde auf seinen Wunsch dieses Lied gesungen. Er glaubte daran, daß Gott sich seiner annehmen würde, daß Jesus Christus an seiner Seite war. In diesem Glauben besiegte er die Entmutigung. J. C. Penney praktizierte mit Überzeugung positives Denken; er war so geworden durch die Härten des Lebens und die Zuversicht, daß Gott einem jeden hilft, der denkt und glaubt.

Positives Denken ist lebenswichtig für die inneren Vorgänge, die dafür garantieren, daß wir immer hochgemut bleiben, so hochgemut, daß die Mutlosigkeit sich unser nicht bemächtigen kann. Wer positiv denkt, ist schöpferisch, ein kühler, objektiver Denker in jeder Situation, in die er gerät. Er läßt sich nie gefühlsmäßig von Problemen überwältigen. Er weiß, daß jedes Problem den Samen seiner Lösung in sich trägt, daß in jeder Schwierigkeit eine große Möglichkeit verborgen liegt. Deshalb ist für ihn ein Problem nicht an sich etwas Böses, etwas, vor dem man fliehen oder dem man ausweichen muß. Es ist vielmehr eine Herausforderung oder eine Gelegenheit, die etwas Gutes in sich birgt. Wenn ein scheinbar schwerwiegendes Problem auftaucht, läßt er sich davon nicht erschrecken und schon gar nicht entmutigen durch das Gefühl, damit nicht fertigwerden zu können. Im Gegenteil, er stellt sich dem Problem, glaubt daran, daß es vielleicht überraschend große Werte enthält, und weiß bei aller Bescheidenheit, daß er alles hat, was nötig ist, um diese Werte herauszuholen. Probleme sind Männermacher, Frauenmacher, Lebensmacher.

Wenn das Problem oder die Schwierigkeit sich vorübergehend als störrisch erweist, den besten Bemühungen, eine Lösung herbeizuführen, trotzt, dann verliert der echt positiv denkende Mensch nicht den Mut, läuft er nicht geschlagen weg. Es liegt nicht in seiner Natur, sich der Mutlosigkeit hinzugeben oder Prügel einfach einzustecken. Er bleibt bei der Stange, denn er glaubt daran, daß es für jedes Problem eine Antwort gibt. Diesen Charakterzug nennt man zuweilen Ausdauer oder Beharrlichkeit. Nennen Sie es, wie Sie wollen, es ist auf jeden Fall, zusätzlich zu Glauben oder Zuversicht, der wichtigste Feind der Mutlosigkeit, der immer siegt, sofern man daran festhält.

Ich habe schon früher darauf hingewiesen, daß es in meinem Arbeitsleben mein Glück war, nie eine leichte Aufgabe zu bekommen. Ich stand als Pfarrer vier Kirchengemeinden vor, und jede war bei meinem Antritt schwer verschuldet und arm an Mitgliedern und hatte eine wenig versprechende oder gar fragliche Zukunft. Jede war auf einem Tiefpunkt, aber der Tiefpunkt ist ein günstiger Platz, denn von hier kann es nur aufwärts gehen. Ich kann diese Tatsache nicht oft genug betonen. Wenn Sie eine Stelle annehmen, bei der Sie bereits weit oben sind, müssen Sie sich oben halten oder wenn möglich noch ein bißchen höher klettern. Das schenkt einem, nach meiner Erfahrung, bei weitem nicht die tiefe Befriedigung, die man empfindet, wenn man etwas aufnimmt, das unten, vielleicht tief unten ist, und es in die Höhe, vielleicht in große Höhe bringt. Wenn das gelingt, hat man wirklich Glück gehabt.

Ich muß allerdings gestehen, daß ich in jeder der vier Stellen immer wieder einmal mutlos wurde. Aber in jeder traf ich Menschen, von denen ich viel lernen konnte. Aus der Situation heraus entwickelte ich die Technik des positiven Denkens. Sorgen, Schwierigkeiten, Härten sind drei großartige Lehrmeister. Glücklich der Mensch, der in ihrer Gesellschaft Augen, Ohren und, noch besser, den Geist offenhält; sie können ihm wertvolle Dinge beibringen.

Vier bedeutsame Ideen sind mir auf diesem Weg begegnet, die ich mir zu eigen machte und die mir halfen, im Kampf gegen die Entmutigung auf Dauer Sieger zu bleiben:

1. Sammle nie Argumente gegen dich selbst.
2. Liebe den Herrn, und liebe die Menschen. Vergiß dich (selbst).
3. Denke groß, bete groß, glaube groß, handle groß, liebe groß, sei groß – groß in jeder Hinsicht.
4. Sei ein Glaubender – ein Glaubender an Gott. Sei ein Glaubender an die Menschen, an die Zukunft. Sei ein Glaubender an dich.

Auch wer positiv denkt, wird zeitweilig mutlos – ist er doch auch nur ein Mensch. Wie ich schon sagte, sind alle Menschen dem Auf und Ab von Stimmungen, der Veränderlichkeit von Gefühlsreaktionen unterworfen. Positiv denkende Menschen aber entwickeln die seelische und geistige Fähigkeit, ihr Denken in jeder Situation in Betrieb zu halten. Sie sind nicht gefühlsabhängig, sondern geistig beherrscht. Infolgedessen können sie wohl gelegentlich mutlose Stunden erleben, sind aber dank ihrer gesunden, geistig beherrschten und objektiven Haltung in der Lage, sich über die Mutlosigkeit zu erheben und mit ihr fertig zu werden. Sie akzeptieren eine entmutigte Einstellung auch nicht als endgültige Antwort auf eine Mißerfolgssituation irgendwelcher Art. Sie vergessen sie und versuchen es noch einmal.

Im Flugzeug unterwegs zu einem Engagement anläßlich einer Geschäftstagung saß ich neben einem netten Mann, der sagte, er sei der Hauptredner just der Veranstaltung, bei der ich zu sprechen hatte. »Ich glaubte, *ich* sei der Hauptredner«, erwiderte ich lachend. Dann teilte er mir mit, er sei Humorist, Komiker, und zog einen seiner Prospekte hervor, in dem er als »lustigster Redner der Welt, der komischste aller lebenden Menschen« angekündigt wurde. Eine der Bildlegenden lautete: »Haltet euch an den Sitzen fest, Leute, sonst schüttelt er euch aus den Reihen.« Eine andere: »Haltet euch die Seiten. Ihr werdet lachend sterben.«

»Ich hoffe nur«, sagte ich, »daß ich zuerst an der Reihe bin. Ich möchte wirklich nicht nach Ihnen drankommen.« Es stellte sich dann aber heraus, daß er der erste Redner war und ich nach ihm das Wort zu ergreifen hatte.

Der Conférencier des Abends überschlug sich förmlich bei der Ankündigung meines Mitredners. Er pries ihn mit den ausgefallensten Sprüchen und versicherte dem Publikum, ihm stehe das größte Vergnügen des Lebens bevor. Anscheinend baute er damit den Redner allzu hoch auf. Der Humorist bekam ein paar gute Lacher, die aber bald zu Kichern und schließlich zu Schmunzeln verebbten. Schwitzend, aber unerschrocken sagte er aus dem Mundwinkel zu mir: »Sturer Haufen!« Schließlich gab er es auf und setzte sich unter ziemlich flüchtigem Applaus. »Puh«, stöhnte er, während er sich den Schweiß vom Gesicht tupfte, »die machen es einem aber schwer.«

Mir erging es nicht besser, als die Reihe an mir war. Wieder übertrieb der Conférencier bei der Vorstellung maßlos. Wenn man ihn hörte, hätte man glauben können, ich sei der größte Redner, der je den Mund aufgemacht hatte. So sind die Menschen nun einmal: Je mehr er *mich* hochjubelte, desto mehr wollten die Leute wissen, wer er eigentlich war, dieser verrückte Kerl. Als ich spürte, wie sich die Stimmung im Publikum langsam abkühlte, beschloß ich, es mit Witzen erst gar nicht zu probieren, obwohl ich ein paar auf Lager hatte, die immer gut anzukommen schienen. Hier arbeitete ich nur mit ganz seriösem Material. Das Dumme war, daß das Publikum dann an Stellen lachte, wo es gar nichts zu lachen gab. »Sturer Haufen!« zischte ich meinem Bekannten aus dem Mundwinkel zu. Am Ende klatschten die Leute freundlich, aber ich wußte, daß es sich nur um Großzügigkeit handelte.

Auf dem Weg zum Hotel sagte der Humorist: »Ich bin entmutigt, und Sie?«

»Nicht gerade begeistert«, gab ich zu.

»Wissen Sie was?« fuhr er fort. »Wir wollen es vergessen, auslöschen, in der Vergangenheit versenken. Haben Sie morgen abend eine neue Verpflichtung?« Als ich bejahte, nickte er: »Das ist gut. Ich auch. Stellen wir uns positiv dazu: Wir werden es das nächste Mal besser machen.« Dann fügte er noch eine kluge Bemerkung hinzu, die ich mir gut gemerkt habe: »Man soll nach jedem Mißerfolg einen Erfolg anstreben.« Das ist die Art und Weise, wie ein positiv denkender Mensch mit einem Fehlschlag umgeht. Es ist auch die Art und Weise, wie er Entmutigungen überwindet.

8. KAPITEL

Die Gewohnheit, Negativwörter fallenzulassen

Positiv denkende Menschen sind sozusagen Wortwerfer. Sie werfen jedes negative Wort weg, das sich dem persönlichen Wachstum, der persönlichen Entwicklung in den Weg stellt – Wörter wie *wenn, das geht nicht* und *unmöglich.* Sie werfen sie einfach und ohne Umstände aus ihrem Wortschatz und ihrem Denken hinaus.

Ein negatives Wort ist Symbol einer negativen Vorstellung, die schädlich sein kann. Es ist äußerst wichtig, es fallenzulassen. Man darf sogar ruhig so weit gehen, solche mißerfolgerzeugenden Wörter zu vergraben.

Ein Mann, von dem ich gehört habe, tat das buchstäblich. Eine Gruppe Menschen kaufte Land, um darauf ein großes Dienstleistungsgebäude zu errichten. Wie immer gab es aber einige, die an der Durchführbarkeit zweifelten. Sie sagten: »Wenn wir mehr Unterstützung bekämen, wenn wir mehr Geld hätten, wenn … wenn … wenn.« Wahrscheinlich sind an dem kleinen Wörtchen »wenn« mehr Unternehmungen und Menschen gescheitert als an irgendeinem anderen Ausdruck, ausgenommen »das geht doch nicht«.

Andere in der Gruppe stimmten denn auch entmutigend ein: »Es geht einfach nicht. Es gibt keine Möglichkeit. Es geht nicht … geht nicht … geht nicht.«

Wieder andere wurden noch deutlicher. »Es ist unmöglich«, erklärten sie. »Wir schaffen das auf keinen Fall. Es ist unmöglich … unmöglich … unmöglich.« So dröhnten die abstumpfenden, negativen Worte hoffnungslos fort und fort.

Ein einzelner positiver, einfallsreicher Mann aber kam auf eine einzigartige Idee. Er war ein großzügiger Gönner des Vorhabens, und als er um ein kleines Stück des erworbenen Landes bat, konnte man ihm das nicht gut abschlagen. Aber alle waren neugierig und staunten, als er erklärte, er brauche es für einen »Friedhof«. Er umzäunte das Grundstücklein und setzte drei kleine Grabsteine.

Zu der für die Beerdigung angekündigten Zeit strömten die Leute zusammen, und er enthüllte die Steine. In einem war das Wort *wenn* eingemeißelt, in einem andern *geht nicht* und im dritten *unmöglich.* »Hier liegen Wörter begraben, die das Mißlingen unseres Vorhabens verschulden könnten. Laßt sie im Grab ruhen«, sagte er. Und man verstand, was er meinte.

Dieses positive Ergebnis war einem positiv denkenden Menschen zu verdanken, einem Wortwegwerfer. Er ließ die negativen, abträglichen Wörter fallen und begrub sie.

Der berühmte Psychiater Dr. Smiley Blanton machte darauf aufmerksam, wie oft Patienten reumütig rückwärts blickten: »Hätte ich nur jenes nicht getan«, »hätte ich doch das gemacht«, ein nutzloses »hätte ich« nach dem andern. Seine phantasievolle Behandlungsmethode hatte Erfolg: Er wies jeden Patienten an, sich eine Öffnung im Kopf vorzustellen, durch die eine Aufzeichnung der Worte hätte ich herausgenommen und die Worte das nächste

Mal eingeschoben werden konnten. Der Kranke sollte genau hinhorchen, bis er das Einklicken des neuen Tonbandes hörte. Dieser bildhafte Vorgang erwies sich als überaus nützlich zur Beseitigung des negativen Begriffs »hätte ich« und dessen Ersetzung durch den positiven Vorsatz »das nächste Mal«.

Die Gedanken, Vorstellungen und Begriffe, die in unserem Gehirn festsitzen, werden zu Einstellungen und Überzeugungen, und diese wiederum bestimmen unsere Erfolge oder Mißerfolge. Die »hätte ich«-Haltung ist ein verzweifeltes, völlig fruchtloses Zurückschauen auf etwas, das unwiederbringlich vorbei ist: Hätte ich bloß jene Aktien erworben; hätte ich damals nur nicht verkauft; hätte ich doch die Stelle angenommen; hätte ich nicht so an meinem Mann herumgenörgelt, daß er mich verlassen hat; hätte ich bloß meine Frau nicht so schlecht behandelt ... Ich bin sicher, Sie könnten ebenfalls ein paar Beispiele anführen.

Der positiv denkende Mensch hat sich von allen diesen Selbstvorwürfen befreit. Sein Leitgedanke ist nicht »hätte ich«, sondern eine viel stärkere, vorwärtsblickende Vorstellung, eine voller Hoffnung und Erwartung, nämlich der dynamische Gedanke »das nächste Mal«. Mit diesem Konzept erreicht er unbegrenzt positive Ergebnisse. Wenn er einen Fehler macht, wenn er nicht tut, was er hätte tun sollen, oder etwas tut, was er hätte unterlassen sollen, dann kehrt er dem Ganzen den Rücken zu und nimmt sich einfach vor: »Das nächste Mal mache ich es besser, handle ich klüger Das nächste Mal kann ich es richtiger beurteilen.« Dieses Denken ist ganz auf das Vorwärtsgehen, auf das Bessermachen ausgerichtet! Seien Sie kein »hätte ich«-Denker, denn sonst bleiben Sie an der Vergangenheit hängen, an Fehlern, Irrtümern, Verlusten, falschen Einschätzungen, Situationen, an denen Sie doch nichts mehr ändern können.

Meine Frau Ruth lernte anläßlich eines Kirchentreffens auf den Hochebenen des Westens einen Farmer aus Dakota kennen. Sie saß ihm beim Essen gegenüber und versuchte ihn ins Gespräch zu ziehen, aber er war ziemlich wortkarg, offenbar das Plaudern nicht gewohnt. Um sich auf seine Interessen einstellen zu können, fragte sie ihn: »Wie sind die Ernten dieses Jahr?«

»Nicht gut. Eigentlich gibt's gar keine. Ich habe vielleicht zehn Prozent meiner Ernte retten können, aber mein Bruder hat alles verloren.«

Entsetzt fragte meine Frau: »Was ist denn geschehen?«

»Wir hatten einen Wirbelsturm. In zehn Minuten war alles hin.« Dann schwieg er.

»Aber was machen Sie dann, wenn alles so schlimm ausgeht?«

»Machen?« Er sann eine Weile, als schaute er tief in seine Gedanken hinein. »Machen? Nun, wir geben uns Mühe, es zu vergessen.«

Dieser Mann lebte seit Jahren mit der Natur. Er lebte mit Wind, Kälte, Hitze und Wirbelstürmen. Er hatte gute und schlechte Jahre erlebt. Er arbeitete in Partnerschaft mit Gott, dem Schöpfer, der uns die gute Erde gab und in guten wie in bösen Tagen über uns wacht. Dieser Mann nahm in seiner stillen Größe das Zufällige und das Verheerende als Gegebenheiten des Lebens gelassen hin. Er jammerte nicht wehleidig »hätte ich …«, sondern beschloß ungebeugt, das nächste Mal voranzukommen. Er stellte sich immer neu ein, ging immer vorwärts, baute unentwegt auf.

Er paßt ins Bild eines positiv denkenden Menschen: ein Mann, der geistig und seelisch stark und zäh ist, der jede Schwierigkeit sieht, aber klar sieht. Er weiß, daß letztlich das Gute in dieser Welt das Böse überwiegt. Er weiß, daß er mit Gottes Hilfe die Kraft hat, alles anzupacken. Er findet die Lösung und kommt immer durch.

Wenn die *wenn* und *geht nicht* und *unmöglich* sich gegen Sie zusammenrotten, was dann? Nun, dann kontern Sie eben mit den *nächstes Mal* und *geht* und *möglich.* So einfach ist das – wenn auch nicht ganz so leicht. Manchmal kann es schwer, sogar sehr schwer sein, aber wenn Sie durchhalten, positiv denken und zuversichtlich sind, dann werden Sie als Sieger, vielleicht gar als großer Sieger daraus hervorgehen.

Außerdem lernen Sie, ein Philosoph zu sein. Oft erweist sich etwas, das ein zerstörerisches Unheil zu sein schien, als schöpferischer Gewinn, und diese Gewinne würden nicht Ihnen gehören, wäre nicht zuerst etwas passiert, das aussah, als würde es Ihnen alles ruinieren. Wenn etwas ganz falsch läuft, kann es letzten Endes doch richtig herauskommen. Wenn also Ihre Hoffnungen und Träume und Ziele zusammenbrechen, dann gehen Sie hin und stochern in den Trümmern herum. Vielleicht finden Sie in der scheinbaren Ruine Ihre goldene Gelegenheit.

Ich möchte Ihnen die Geschichte von Mordecai Brown erzählen, einem der größten Baseballspieler seiner Zeit. Seine Eltern waren sehr arm, aber als echte Amerikaner waren sie sich dessen eigentlich nie recht bewußt. Ihr Sohn hatte sein Herz daran gehängt, einmal Pitcher, Werfer, in der obersten Baseball-Liga zu werden, und er legte schon als Junge ein außergewöhnliches Talent an den Tag. Mordecai arbeitete, wie andere Kinder in jener Zeit, auf einer Farm, um für seine Familie mitzuverdienen. Eines Tages geriet er mit der Hand in eine Maschine, verlor seinen rechten Zeigefinger fast ganz und zerquetschte sich den Mittelfinger arg.

»Nun ist meine ganze Hoffnung dahin, jemals Pitcher zu werden«, hätte ein negativer Denker da gestöhnt. »Wäre mir doch dieser Unfall nicht passiert! Mit dieser kaputten Hand kann ich den Ball nicht werfen. Aus ist's mit meinen Träumen. Es ist einfach unmöglich.« Der Junge aber dachte und sprach nicht so. Er nahm sein Unglück hin und machte mit seiner verstümmelten Hand weiter, so gut er konnte. Er lernte es, den Ball mit den Fingern zu werfen, die ihm geblieben waren. Schließlich wurde er in eine Lokalmannschaft aufgenommen.

Einmal stand der Teamchef zufällig dicht dabei, als Mordecai warf. Staunend beobachtete er die verblüffenden Drehungen des länglichen Balles, der dem vordersten Mann genau in den Fanghandschuh flog. »Mordecai«, sagte er begeistert, »du bist ja der geborene Pitcher! Du hast Tempo und Zielsicherheit, und mit diesem eiernden Ball bringst du jeden Schlagmann dazu, daß er danebenhaut.«

Mordecai schleuderte den Ball so, daß er schnell, tanzend, wirbelnd, auf und ab kreiselnd direkt übers Schlagmal sauste. Die Schlagleute gerieten völlig aus der Fassung. Mordecai mähte alles nieder, sammelte Wurfrekorde und Siege und wurde einer der ganz großen Pitcher im amerikanischen Baseball.

Wie brachte es dieser Junge fertig, eine Katastrophe in einen Trumpf zu verwandeln? Seine verstümmelten Finger, der verkürzte Zeige- und der krumme Mittelfinger, verliehen dem Ball eben diesen ungewöhnlichen, wirbelnden Flug. Mordecai war in einem von Glauben erfüllten Zuhause aufgewachsen; er glaubte einfach daran, daß er sein Schicksal annehmen und etwas daraus machen konnte. Er war ein positiv denkender Mensch, der mit unglaublichem Geschick die »Unmöglichkeiten« seines Lebens meisterte. Daß er die Worte *wenn, geht nicht* und *unmöglich* wegwarf, machte ihn zu einem Unsterblichen des Sports.

Ich weiß, Sie könnten nun sagen: »Ich bin aber kein Supermensch wie Mordecai Brown. Ich kann nicht aus einem Unglück so hochkommen.« Doch damals, als Mordecai den Unfall mit seiner Hand hatte, war auch er kein Supermensch. Es ist einfach so, daß wir alle viel mehr können, als uns bewußt ist. Sagen Sie sich nur immer diese aufbauenden Worte vor: *das nächste Mal, es geht* und *möglich.* Und seien Sie ein Wortwerfer, der das *wenn, geht nicht* und *unmöglich* von sich schmeißt.

Verankern Sie überdies in Ihrem Innern ein weiteres Wort, ein Siegeswort, ein Durchhaltewort: *Wunder.* Wer positiv denkt, glaubt. Er glaubt daran, daß nichts zu gut ist, um wahr zu sein, darum glaubt er an Wunder.

Ein negativ denkender Mann war mit einer positiv denkenden Frau verheiratet. Das war zur Zeit der großen Wirtschaftskrise, und wie die meisten Familien hatten auch sie Probleme, hauptsächlich finanzielle. Er klagte ständig: »Wenn wir uns nur aus dieser Situation herauswinden könnten! Wenn ich nur einen Weg sähe, wie wir durchkämen! Es ist ganz unmöglich!«

Die positiv denkende Frau aber sang eine andere Melodie: »Wie sollen wir vorgehen, um dieses Problem zu lösen? Ich weiß, daß wir damit fertigwerden können. Es ist kein wirkliches Problem. Es ist durchaus möglich.« Die beiden liebten einander, und sie zog ihn mit, hatte Glauben und Optimismus für zwei. Er schaffte es, seine Stelle zu behalten, während unzählige andere arbeitslos wurden. Ihr Glaube an ihn hatte nicht wenig dazu getan.

Er arbeitete in einem Laden, wo Waren aus Großbritannien verkauft wurden, hauptsächlich Wollsachen. Eines Tages packte der Mann, Henry, eine Lieferung aus, und obenauf in dem Paket fand er einen zusammengefalteten Zettel. Er hob ihn auf und las: »Erwarte ein Wunder – es kann geschehen.« Wer das wohl geschrieben hat, und warum? dachte er bei sich. Er wollte den Zettel in den Papierkorb werfen, aber etwas hielt ihn zurück. *Ich zeige es Helen. Sie hat eine Schwäche für so närrisches Zeug.* So steckte er das Blatt Papier in die Tasche.

Am Abend schob er es über den Tisch: »Etwas Komisches, Schatz. Irgendein Kauz in England hat diese Botschaft in einen Karton gelegt, den ich heute öffnete. Ein Spinner, nehme ich an.«

Sie las und blickte dann nachdenklich auf den Zettel. »Nein, Henry, ich glaube nicht, daß die Person, die das in den Karton gelegt hat, ein Kauz war, und schon gar nicht ein Spinner. Er oder sie muß irgendwelche Sorgen gehabt haben, vielleicht ähnliche wie wir, und ist geführt worden, die Botschaft auf diese sonderbare Weise weiterzugeben, um jemand anderem zu helfen, uns zum Beispiel.

Wir sind nicht imstande gewesen, bei gewissen Dingen einen Weg zu finden. Weißt du was? Nehmen wir doch eines unserer kleinen Probleme und erwarten wirklich ein Wunder, sozusagen als Test.«

»Ach, hör doch auf damit, Liebes. Ein Wunder ist etwas Traumseliges, Naives, das nur in Märchen vorkommt.

In unserem wissenschaftlichen Zeitalter geschehen keine Wunder.« Und so stritten sie eine Weile liebevoll. Helen ging zum Bücherschrank. »Sehen wir einmal nach, was Freund Webster über Wunder sagt.« Sie schlug im Wörterbuch nach: »*Wunder* – ›ein wundersames Geschehen‹. Und«, erklärte sie triumphierend, »da steht nichts davon, daß es ein Gegensatz zur Wissenschaft sei. Ich frage mich, ob wir etwas nur darum ein Wunder nennen, weil wir es nicht verstehen. Und wenn wir es nicht verstehen, dann gehört es zu den wissenschaftlichen Kenntnissen. Flugzeuge zählten früher zur Kategorie der Wunder. Sie waren wundersame Ereignisse. Das elektrische Licht ebenso, und auch das Telefon. Eines Tages wird alles, was wir heute Wunder nennen, wie etwa Heilungen außerhalb der Gesetze der Medizin und psychische Phänomene, ein Teil der wissenschaftlichen Gesetze sein. Und zuletzt«, schloß sie, »wird uns vielleicht klar, daß sogar der Glaube zu den Gesetzen Gottes gehört, des Schöpfers, der sie alle gemacht hat.«

»Kluges Kind«, war alles, was Henry zu erwidern wußte. »Du könntest recht haben.« Die beiden kamen also überein, ein Wunder zu erwarten, ein wundersames Geschehen in Verbindung mit einem ihrer kleineren Probleme. Sie brachten positives Denken zum Tragen, ihr starkes und sein schwächeres. Doch selbst ein schwaches positives Denkmuster ist nicht ohne Macht, wie uns in Matthäus 17,20 gesagt wird: »So ihr Glauben habt wie ein Senfkorn … wird euch nichts unmöglich sein.«

Einige Zeit danach hatten Henry und Helen Gelegenheit, für eine ziemlich merkwürdige Serie von Zufällen und glücklichen Umständen dankbar zu sein. Die Sache, bei der sie das Prinzip »erwarte ein Wunder- es kann geschehen« anwandten, begann sich zu entwirren. Das Ergebnis war nicht ganz so, wie sie es gewollt oder zu brauchen geglaubt hatten, aber es erwies sich als richtige Lösung. Sogar Henry begann schließlich an Wunder zu glauben. Helen aber war es zu danken, daß in ihrem gemeinsamen Leben Wunder wirksam wurden: dadurch, daß sie die Vorstellung des Unmöglichen fallen ließ und sich auf das Mögliche konzentrierte. Mit der Zeit wurde auch Henry zu einem wirklich positiv denkenden Mann. Er lernte es auf die harte Art, aber als er einmal überzeugt war, daß wir werden, was wir denken, und daß das, was wir denken, zu uns kommt, schloß er sich seiner Frau an. Sie wurden ein tüchtiges Gespann und hatten entsprechend Erfolg.

Positives Denken bringt denen die besten Werte, die sich voll einsetzen, um das Beste zu erreichen. Und wir alle, denke ich, wollen das Beste für uns und unsere Familien. Möchten Sie das Beste haben, oder würden Sie sich tatsächlich mit weniger zufriedengeben? Natürlich würden Sie das Beste wählen. Wie Sie das haben können? Denken Sie das Beste, nicht das Schlechteste, denn auf lange Sicht bekommt man meistens, was man denkt.

Wenn Sie wissen wollen, was Sie in fünf oder zehn Jahren wahrscheinlich sein werden, dann brauchen Sie nur die Gedanken zu lesen, die heute in Ihrem Kopf vorherrschen. Mit der Zeit wird Ihr vorherrschendes Denkmuster die Kräfte um Sie herum aktivieren, damit sie die äußeren Bedingungen herstellen, die Ihrem Grunddenken entsprechen. Ihre Gedanken formen Ihre Zukunft. Gedanken dringen hinaus und verwirklichen sich. Man kann einen Gedanken nicht sehen, aber seine Wirkung kann man verfolgen. Zu gegebener Zeit werden Sie genau das, was Sie gewöhnlich denken.

Wer positiv denkt, hat Erfolg im Leben. Als Wortwegwerfer hat er eine bösartige Geisteskrankheit namens Negativerwartung, also die Gewohnheit, immer zu erwarten, daß alles schlecht ist, aus seiner Lebensweise ausgesperrt.

Weitverbreitete Ausdrücke, die auf eine Negativerwartung hinweisen, sind: »Mir läuft immer alles schief«, »Ich weiß, daß ich das nicht schaffe«, »Das wird ein gräßlicher Tag heute«. Es gibt tatsächlich Leute, die sich einbilden, zum Verlieren geboren zu sein. Negativ denkende Eltern, die ihre Kinder schon bei der Erziehung auf Mißerfolge und Fehlschläge einstellen, erweisen ihnen einen wahrhaft schlechten Dienst, auch wenn sie es unwissentlich tun.

Auf dem Weg aus einem Saal, in dem ich gerade einen Vortrag über positives Denken beendet hatte, hielt mich eine junge Frau auf. Sie hatte Sorgen wegen einer »langjährigen geistigen Blockierung«, wie sie es nannte, aus der sie sich vergeblich zu lösen versuchte. »Schon seit meiner Kindheit war ich gewissermaßen auf Versagen programmiert. Ich kam jeweils im Herbst, wenn die Schule begann, gut mit, aber schon nach einigen Wochen wurde ich schlechter. Von da an ging es abwärts, bis ich in meinen Arbeiten völlig versagte. Oft fiel ich bei Prüfungen glatt durch«, erzählte sie niedergeschlagen.

Als sie – ein Jahr nach den übrigen – die Schule beendet hatte, bekam sie eine Stelle. Sie war ein hübsches Mädchen und machte mit ihrem angenehmen Wesen einen guten Eindruck, aber mit der Zeit »packte sie das alte Versagensmuster« wieder.

»Können Sie sich vorstellen, was die Ursache dieses tief verwurzelten Versagensmusters ist, das Sie so behindert?« fragte ich.

Sie zögerte. »Ich hasse es, jemandem die Schuld zu geben, und ich hoffe, nicht ungerecht zu sein, aber ich glaube, um die Wahrheit zu sagen, daß es an meiner Mutter liegt. Ich sage das ungern, denn Mutter ist wunderbar, und ich liebe sie. Aber seit ich ein kleines Kind war, hat sie immer von ihren Sorgen geredet. Sie war eine ausgesprochene Negativdenkerin. Für sie konnte nie etwas gutgehen. Alles mußte zwangsläufig schlecht herauskommen. Sie sagte immer wieder: ›Kleines, du solltest immer das Schlimmste erwarten, dann wirst du nicht enttäuscht.‹ So habe ich vermutlich unbewußt stets das Schlimmste erwartet und bin auch nicht enttäuscht worden. Aber ich bin ein unglücklicher Mensch. Was kann ich bloß dagegen tun?«

Während ich dieser unglücklichen und verwirrten, aber offensichtlich intelligenten jungen Frau zuhörte, die verzweifelt danach strebte, sich selbst zu finden, bewunderte ich ihre Klarsicht. Sie erkannte, daß sie in einem selbstzerstörerischen Komplex gefangen war, der tief in ihrem Unterbewußtsein wurzelte. Ich äußerte die Meinung, die geistigen Wurzeln der Negativerwartung müßten durchschnitten werden. Dann würden sie verwelken, und sie konnte sie ausreißen wie Unkraut.

Mein Eindruck von ihrem wachen Verstand bestätigte sich, als sie das von mir verwendete Bild von den »Wurzeln der Negativerwartung« sofort auffing. »Aber«, erklärte sie dann, »geben Sie mir doch bitte ein Rezept für rasche Abhilfe. Ich weiß genau, daß Sie das können.«

»Bei all Ihrem Negativismus sind Sie in dieser Beziehung ja recht positiv«, schmunzelte ich. »Also, versuchen wir's:

Jede eingefleischte, festgefahrene Gewohnheit kann abgelegt und durch ein gesundes Denkmuster ersetzt werden, wenn Sie folgendes tun:

1. Sie müssen wollen, daß der Wechsel stattfindet. Festes, intensives Wollen ist das erste Erfordernis. Es muß mehr sein als ein halbherziger Wunsch.
2. Sie müssen genau wissen, in welcher Weise Sie sich ändern wollen. In Ihrem Fall wollen Sie das bisher dominierende Versagensmuster durch ein Muster des Erfolgsdenkens ersetzen.
3. Setzen Sie den genauen Zeitpunkt fest, an dem Sie anfangen wollen, das Versagensmuster zu beseitigen, und wann Sie das Erfolgsmuster erwarten.«

»Oh«, rief sie aus, »das weiß ich bereits. Ich will *jetzt* anfangen, das Datum für den Wechsel ist heute, sofort.«

»Lassen Sie Ihre Pferde nicht durchgehen«, warnte ich. »Wir haben es nicht mit einem leichten Vorgang zu tun. Geistige Gewohnheiten bilden sich langsam und winden sich mit vielen Verästelungen durch das Unterbewußtsein. Sie herauszuwinden braucht Zeit.«

»Aber«, sagte sie, »ich habe gelesen, daß Sie, Dr. Peale, früher einen furchtbaren Minderwertigkeitskomplex hatten. Da beteten Sie zu Gott und erinnerten ihn, er könne doch Diebe in ehrliche Menschen und Trunkenbolde in Enthaltsame verwandeln, da wird er auch das auf der Stelle richten können.«

»Ja«, räumte ich ein, »das glaube ich wirklich. Aber der Herr tat es in meinem Fall nicht auf der Stelle. Er brauchte bei mir eine Weile. Ich war wohl ein zäher Fall, aber er *hat* mich verändert, und er wird auch Sie verändern, wenn Sie die weiteren Punkte beachten:

4. Beginnen Sie heute schon, Sie sich selbst so vorzustellen, wie Sie sein wollen. Sehen Sie sich, als hätten Sie den Versagerkomplex abgeworfen und ein dynamisches, lebensbejahendes Programm eingelegt.
5. Beginnen Sie ab sofort, das ›Als-ob‹-Prinzip zu üben: Wenn man etwas werden will, das man nicht ist, dann verhalte man sich, als besäße man die gewünschte Eigenschaft bereits. Sofern man dies mit Ausdauer tut, macht man sich die Eigenschaft letztlich zu eigen. In Ihrem Fall: Fangen Sie gleich an, sich so zu verhalten, als wären Sie erfolgsorientiert.
6. Sie sind jetzt für den dynamischen Vorgang der Lebensveränderung durch Glauben bereit. Geben Sie dem Herrn gegenüber zu, daß Sie einen solch tiefen persönlichen Wandel nicht aus eigener Kraft schaffen. In der Bibel steht: ›Alle Dinge sind möglich dem, der da glaubt‹ (Markus 9,23). Wenn Sie glauben können und glauben wollen, dann bitten Sie Gott, der Sie geschaffen hat, Sie neu zu schaffen. Wenn Sie daran glauben, daß dies geschehen wird, dann geschieht es auch.«

Dies ist kein phantastisches, traumverlorenes oder frömmlerisches Gerede. Das Vorgehen hat seit Jahrhunderten für Millionen Menschen funktioniert und funktioniert auch heute in unserer modernen Welt. Wäre es bloß eine Theorie oder eine vage, unbegründete Behauptung, so würde ihr schon längst niemand mehr Glauben schenken. Aber daß es möglich ist, eine geistig-seelische Veränderung der Persönlichkeit herbeizuführen, wird in weiten Kreisen als wissenschaftliche (funktionierende) Realität anerkannt.

Die junge Frau, deren Erfahrung ich hier erzähle, ist nur ein Beispiel für jemanden, der durch das Fallenlassen und Ersetzen von Gedanken ein neuer Mensch geworden ist. Sie setzte das empfohlene Verfahren in Gang. Sie erlebte, daß der Wandel weder einfach noch mühelos war, aber stufenweise stellte er sich ein, und das gesetzte Ziel wurde schließlich erreicht. Sie wurde das tiefsitzende Versagensmuster los. Sie wurde an ihrem Arbeitsplatz erfolgreich, und, was noch wichtiger war, sie wurde als Mensch erfolgreich.

Wenn wir falsche Einstellungen annehmen können, dann sind wir auch imstande, falsche Einstellungen abzulegen. Wenn wir in falsche Denkmuster hineinwachsen, dann können wir sie, falls wir ernsthaft wollen, fallenlassen. Und wenn uns der echte Wunsch beseelt, dann können wir eine neue positive Lebensweise aufnehmen. In der schöpferischen positiven Erwartung liegt eine ungeheure Kraft.

Das Leben kann eine wunderbare, befriedigende Erfahrung sein. Trotz aller Widrigkeiten, die es mit sich bringt, ist das Leben an sich gut. Glauben Sie an die Güte des Lebens und an seinen unendlichen Wert. Es birgt für jene, die glauben und ausharren, letztlich Freude, Frieden und Erfüllung. Der allmächtige Gott, der Schöpfer und Neuschöpfer aller, die das Gute für ihr Leben wollen, bietet uns diese Erfüllung an.

Leider vermögen viele Leute die großen Lebenswerte wegen ihrer unglücklich verbogenen Gedanken nicht zu sehen. Ein Hauptgrund, weshalb ich soviel über Glauben und positives Denken und den Sieg über jede Art von Niederlage und Widerstand schreibe, ist, daß ich an das Leben glaube und es liebe. Ich möchte anderen Mut machen, ebenfalls daran zu glauben und es zu lieben. *USA Today* brachte einen ganzseitigen Bericht über Teenager-Selbstmorde. Der Verfasser schrieb: »Nahezu jedermann scheint eine Theorie über die Gründe zu haben: Drogen, Alkohol, Sex, Arbeitslosigkeit, Kindesmißhandlung, Scheidung, Rückgang des Kirchenbesuches, Leistungsdruck, Konflikte mit den Eltern, drohender Atomkrieg, zuviel Fernsehen, leichte Zugänglichkeit von Schußwaffen, biochemische Störungen. Doch eine befriedigende Antwort hat niemand.«

Ein anderer Autor aber äußerte in derselben Ausgabe eine, wie ich finde, gesunde Beurteilung. Er fragte:

> Warum leiden wir unter dieser Tragödie? Weil unsere Gesellschaft in den letzten zwei Jahrzehnten nur dem Vergnügen hinterhergelaufen ist, Materialismus und Genuß hoch auf die Liste der Werte gesetzt hat. Die geistige Natur des Menschen wurde immer mehr heruntergespielt … Die Massenmedien, besonders das Fernsehen, lassen das Kind nicht mehr Kind, Jugendliche nicht mehr jugendlich sein. Dadurch, daß wir sie pausenlos einer Welt der Erwachsenen aussetzen, die grundmaterialistisch ist, haben wir unseren Kindern das Vorrecht des Kindseins gestohlen. Man hat ihnen immer und immer wieder gesagt, daß Dinge glücklich machen und daß Glücklichsein das Haupt-

ziel im Leben ist. Wir haben unserer Jugend eine große Lüge erzählt ... Was können wir tun? Die bewährten christlichen Werte wiederherstellen ... Stellen wir den Hedonismus als das bloß, was er ist: eine große Lüge, eine Fata Morgana, die sich immer in nichts auflöst.*

Hedonismus – die Anschauung, sinnlicher Genuß sei das wichtigste Lebensziel – ist natürlich ein Riesenschwindel, eine plumpe Lüge.

Die Wahrheit über das Leben findet man nicht in den zynischen Äußerungen ungewaschener Mäuler, sondern in den sauberen Worten der Bibel: »Wer mich findet, der findet das Leben« (Sprüche 8,35) und »Ich bin gekommen, daß sie das Leben und volle Genüge haben sollen« Johannes 10,11). Darum sind positiv denkende Menschen, die eine Lüge als solche zu erkennen vermögen, wiederum erbarmungslose, kultivierte Wegwerfer: Sie versenken die ganze Genußlehre im Mülleimer, wo sie hingehört, und sind weiterhin glücklich und echt lebenslustig. Wer positiv denkt, liebt das Leben und fängt jeden Tag etwas Schönes damit an.

Während ich dieses Kapitel schreibe, befinde ich mich auf einer Tagung, bei der ich zwei Ansprachen zu halten habe. Zusammengekommen sind hier Hunderte von Menschen, von denen jeder im vergangenen Jahr einen Verkaufserfolg von über einer Million Dollar erzielt und eine Reise zu diesem Kongreß gewonnen hat.

---

* Copyright 1983 *USA Today*

Aus dem Kreis dieser Leute, die Herausragendes geleistet haben, bekam ich Geschichten über Geschichten von Männern und Frauen zu hören, die negative Gedanken, negative Einstellungen, negative Ideen hinter sich ließen. Sie sperrten sie aus und wandten defätistischen Vorstellungen den Rükken zu. Sie nahmen das Positive in sich auf. Sie machten sich ans Werk. Sie glaubten. Sie machten sich ein Bild von ihrer Zukunft. Sie arbeiteten und glaubten. Sie wurden Gewinner und Vollbringer, und der positive Weg brachte ihnen und ihren Familien Glück. Genau das können auch Sie erreichen.

Ein Tagungsteilnehmer erzählte mir offen: »Ich kann mir auf meine Leistung nicht allzuviel einbilden. Es war meine Frau, die mich zu einem erfolgreichen Mann gemacht hat. Sie zog mich aus einem Versagerkomplex heraus und brachte mich voran.«

Die Frau, die mit dabei war, sagte: »Glauben Sie das nicht! Er ist schon immer ein großartiger Mann gewesen. Ich habe ihm bloß in Erinnerung gerufen, was und wer er ist.«

Ihn hatten ewige Selbstzweifel gequält. Er fühlte sich unzulänglich. Er glaubte nicht an sein Können. Er hatte eine schlechte, falsche Meinung von seinen Fähigkeiten und Möglichkeiten. Seine täglichen Gespräche waren immer mehr von mutlosen Äußerungen und negativen Ausdrükken beherrscht: »Das wird nicht gutgehen«, »Ja, der kann das vielleicht, aber ich nicht«, »Ich tauge wohl nicht für diesen Beruf.« Wurden Prämien für Spitzenleistungen vergeben, wartete er mit einem klassischen Negativsatz auf: »Ich kann mir nicht vorstellen, jemals einen Preis zu gewinnen.« Klassisch insofern, als er damit andeutete, er habe sich noch nie als einen erfolgreichen Menschen gesehen.

Als er sich eines Morgens beim Frühstück wieder in seinen gewohnten Trübseligkeiten erging, wurde es seiner

Frau endgültig zu dumm. »Hör zu«, sagte sie, »jetzt will ich dir etwas sagen. Du gehst mir auf die Nerven mit dem ewigen abschätzigen Gerede. Ich kenne dich, du bist ein sehr fähiger, sogar ein besonders tüchtiger Mann, und du lügst dir ständig etwas über dich vor. Ich bin es leid. Ich habe die Nase voll von deinen negativen Bemerkungen. Wenn es wahr wäre, würde ich nichts sagen, aber da das alles überhaupt nicht stimmt, verlange ich, daß du ein für allemal damit aufhörst.«

Ihr Mann wollte diesen Strom eheweiblicher Entrüstung unterbrechen, aber sie fuhr energisch fort: »Ich bin noch nicht fertig. Ich liebe dich, ich kenne dich in- und auswendig, und ich glaube an dich. Ich denke nicht daran, tatenlos zuzusehen, wie du mit deinem dummen Minderwertigkeitskomplex dich selber kaputtmachst. Fang um Himmels willen endlich an, positiv zu denken. Sei ein Mann, und steh gegen dich selber auf!« Flammend schloß sie: »Ich höre mir dieses negative Reden jedenfalls nicht mehr an.«

Sie hatte ins Ziel getroffen. Im Grunde wußte er ja, daß sie recht hatte. Da er es nicht mehr wagte, sich negativ zu äußern, mußte er wohl oder übel positive Dinge sagen. Mit der Zeit versuchte er, auch positiv zu denken. Dann versuchte er positiv zu handeln. Er bemühte sich, und schließlich gelang es ihm. Seine Verkaufszahlen überschritten in jenem Jahr die Dollarmillion. Er wurde Preisgewinner. So kam es, daß ich ihn an dem Kongreß kennenlernte. Er legte seiner Frau den Arm um die Schultern und blickte stolz auf sie hinunter: »Ist es nicht phantastisch, eine Frau zu haben, die aus einem das macht, wovon sie weiß, daß man es sein kann?«

9. KAPITEL

Positive Geheimnisse von Gesundheit und Energie

Gott will, daß wir unser Leben lang das Allerbeste haben. Er will, daß wir uns herrlich lebendig fühlen – körperlich, geistig und seelisch. Jesus sagte: »Ich bin gekommen, daß sie das Leben und volle Genüge haben sollen« (Johannes 10,11). Oder, wie eine neuere Übersetzung es formuliert: »Ich bin gekommen, daß ihr das Leben habt – das Leben in all seiner Fülle.«

Pulsiert das volle Leben in Ihnen? Oder sind Sie nur teilweise lebendig, nur teilweise gesund? Läßt Ihre Energie nach, so daß Sie oft müde, ja erschöpft sind?

Wenn das auf Sie zutrifft, dann ist dies ein Kapitel für Sie. Es hat keine Anleitungen für Diät oder Gymnastik anzubieten. Es ist auch kein medizinischer Ratgeber, denn ich bin ja nicht Arzt. Es zeigt Wege auf, die zu vibrierender Gesundheit und strotzender Energie führen können, und das jeden Tag. Theoretisch ist es nicht, ich habe jede einzelne Anregung persönlich getestet. Ich will nicht behaupten, ein großer Turner oder superstarker Mann gewesen zu sein, aber ich bin bei bester Gesundheit und habe große Reserven an Energie, einer Energie, die mir nie ausgeht. Ich glaube, meine gute Gesundheit und große Energie sind das Ergebnis meines aufrichtigen Bestrebens, mein Leben auf geistig-seelischen Gesetzen und Grundsätzen aufzubauen, Grundsätzen, die man in der Bibel findet und die sich niemals wandeln. Sie haben mir stets geholfen, und jetzt hoffe ich, daß sie auch Ihnen helfen werden.

Ich habe immer gelehrt, der Glaube sei ein wichtiger Weg zu einem guten, gesunden Leben. Heute sprechen führende Mediziner vom gesundheitsfördernden »Glaubensfaktor«. Dr. med. Herbert Benson sagt:

> Ich bin keineswegs daran interessiert, einem religiösen oder philosophischen System gegenüber einem andern den Vorzug zu geben … Ich befasse mich vorwiegend mit den wissenschaftlich beobachtbaren Erscheinungen und Kräften, die den Glauben begleiten … Meine Forschungen und die von anderen haben ergeben, daß Menschen, die den Glaubensfaktor entwickeln und anwenden' effektiv folgendes bewirken können:

- Kopfschmerzen beheben
- die Schmerzen bei Angina pectoris vermindern und unter Umständen sogar die Notwendigkeit einer Bypass-Operation beseitigen (schätzungsweise 80 Prozent des Schmerzes können durch positiven Glauben behoben werden!)
- die Kreativität steigern, besonders bei Zuständen von »innerer Blockierung«
- Schlaflosigkeit überwinden
- Anfällen von Hyperventilation (übermäßiger Steigerung der Atmung) vorbeugen
- Blutdruckprobleme kontrollieren helfen
- Krebstherapie verstärken
- Anfälle von Panik unter Kontrolle halten
- Cholesterolwerte senken

- Symptome von Angstzuständen (z.B. Übelkeit, Erbrechen, Durchfall, Verstopfung, Reizbarkeit und Unverträglichkeit) lindern
- allgemeinen Streß abbauen und innere Ruhe und gefühlsmäßige Ausgeglichenheit herbeiführen.

Der Glaubensfaktor sollte im Zusammenwirken mit der modernen Medizin angewendet werden. Er sollte eine Ergänzung zu den großartigen Heilmethoden bilden, die dem Arzt heute möglich sind. Die beiden Vorgehen – der Glaubensfaktor und die moderne Medizin – können sich gegenseitig in der Wirkung steigern und gemeinsam optimale Resultate erzielen. *(Beyond the Relaxation Response,* New York, Times Books, 1975)

Wir leben in einer materiellen Welt, und natürlich ist die materielle Welt wichtig. Ohne sie könnten wir nicht überleben. Aber wir leben auch in einer geistigen und seelischen Welt, und die ist noch wichtiger. Ein Psychiater hat einmal gesagt: »Einstellungen sind wichtiger als Tatsachen.« Das heißt nichts anderes als: Die Welt der Ideen ist genauso real und bedeutsam wie die Welt der materiellen Dinge.

Erwiesen ist auch, daß eine unsichtbare Kraft oder Macht die materielle, die geistige und die seelische Welt miteinander verbindet. Unsere Wahrnehmung und Anerkennung dieser Kraft haben viel mit dem Grad unserer Gesundheit und dem Maß unserer Energie zu tun.

Lassen Sie mich von einer Frau erzählen, deren Leben eine schicksalhafte Wende nahm. Sie war erst vierunddreißig Jahre alt, in der Blüte ihres Lebens. Doch wegen ihrer schwachen Gesundheit konnte sie keine Hausarbeit verrichten und galt als zu zart, um ein Kind haben zu können. Oft war sie so kraftlos, daß sie sich längere Zeit ins Bett legte.

Das negative, ängstliche Denkmuster, das auf diese Weise entstand, entzog ihr die Lebensfreude und trug zum weiteren Abbau ihrer Gesundheit und Energie bei. Sie wurde zur »ewigen Patientin«, zur vertrauten Figur in den Wartezimmern der Ärzte. Ihr Gatte nahm es traurig hin, daß er eine halbinvalide Frau mit wohl recht begrenzter Lebenserwartung hatte.

Sie ging regelmäßig in die Kirche. Dank ihrer christlichen Erziehung glaubte sie aufrichtig an die Kraft des Gebetes. Sie hatte gelernt, daß man durch das Gebet zur Lösung von Problemen geführt werden kann. Während sie um Hilfe bei ihren körperlichen Beschwerden betete, wurde sie nach und nach immer zuversichtlicher.

Während sie eines Tages in der Bibel las, ging ihr ein Gedanke durch den Kopf, der sie verblüffte. Heute ist dieser Zusammenhang allgemein anerkannt, damals jedoch war die Idee geradezu revolutionär. Nämlich: Die körperliche Gesundheit kann man selber stärken oder schwächen, ja, sogar gewinnen oder verlieren, je nach der geistig-seelischen Grundeinstellung.

Wie ein Blitz traf sie die Erkenntnis, daß man dazu neigt, so zu werden, wie man es sich im tiefen Inneren denkt oder vorstellt. Diese Idee, diese Eingebung drang mit lebensverändernder Gewalt in ihr Denken. Es war eine Offenbarung. Ohne darüber nachsinnen zu müssen, erkannte sie die Wahrheit so klar, daß sie sie total in sich aufnahm.

An einem Frühlingstag, unmittelbar nach diesem geistig-seelischen Erlebnis, spazierte sie mit ihrem Mann eine stille, von Bäumen gesäumte Straße entlang. Die Bäume waren voller Knospen, das Wiedererwachen der Natur war überall augenfällig. Mit einemmal blieb sie stehen. »Jetzt seh' ich's! Das ist es!« rief sie. »Es ist die Lebenskraft, die wunderbare Lebenskraft!«

Ihr Mann fragte verwundert: »Was meinst du mit der Lebenskraft?«

Sie zeigte auf die Blätter, die aus den Knospen barsten, auf das braune Gras, das grün wurde, auf die Frühlingsblumen, Hyazinthen und Osterglocken, die aus dem Boden sprossen. »Das«, erklärte sie, »ist die Lebenskraft. Und diese selbe, wundervolle, wieder-erschaffende Macht neuen Lebens ist auch in den Menschen. Sie *muß* es sein: Sind Menschen nicht die höchste Form der Schöpfung? Sie können durch das gleiche Wunder neuen Lebens wiedererschaffen werden«. Sie war wie verwandelt. Ihre geröteten Wangen, ihre hellen Augen zeugten von ihrer neuen inneren Lebendigkeit.

Plötzlich erklärte sie laut: »Ich bin sicher, daß die Lebenskraft des allmächtigen Gottes, meines Schöpfers, mich jetzt neu erschafft. Diese mächtige Lebenskraft durchdringt meinen Geist, mein Herz, mein Blut, mein ganzes Sein. Gesundheit, Energie, Vitalität und neues Leben werden jetzt in mir erneuert, genau wie in den Bäumen, Gräsern und Blumen.«

Mit intensivem Denken, mit Zuversicht, Bejahung und wachsendem Glauben begann die Frau, sich ihrer körperlichen Schwäche zu entledigen. Mit der Zeit gewann sie eine so kraftvolle Gesundheit und Energie, daß sie bis ins hohe Alter von sechsundneunzig Jahren ein herausragendes, arbeitsreiches Leben führen konnte. Ihr Körper wurde stark und gesund, ihr Geist klar und scharf, ihr Gemüt begeistert und mitreißend. Und ihr von Glauben erfülltes Leben machte Tausenden Mut, bis sie, nur vier Jahre vor der Vollendung eines Jahrhunderts, ins höhere Leben abberufen wurde.

Es ist erstaunlich, wie sehr man seine Gesundheit durch eine Verbindung von Einsicht, tiefem Glauben und Bejahung der erneuernden Macht des Schöpfers beeinflussen kann. Um diese nie versiegende Energiequelle erreichen und aus ihr schöpfen zu können, sollten Sie sich mindestens einmal täglich die folgenden Worte laut vorsagen. Stehen Sie hochaufgerichtet da, atmen Sie tief durch, und sprechen Sie:

Ich bin kraftvoll.
Ich bin vital.
Ich bin voll unbegrenzter Energie.
Ich strahle vor Gesundheit.
Ich bin fröhlich.
Ich bin begeistert.
Ich bin erfüllt von der Lebenskraft.
Ich weiß, daß in Ihm Leben ist und daß
  Seine Lebenskraft in mir wirkt,
  mir Gesundheit, Energie und Kraft schenkt.
Sein heiliger Name sei gelobt!

Wenn Sie dies getreulich und in aufrichtigem Glauben tun, vollbringen Sie geistig eine schöpferische Tat, und die Kraft des geistigen Universums wird Ihnen zufließen.

Gott will, daß es Ihnen gut geht, daß Sie Ihr Leben lang vital und kraftvoll sind. Glauben Sie daran. Danken Sie jeden Tag dafür, indem Sie laut sagen: »Gott will, daß es mir gutgeht.« Die Bibel bestätigt es: »Mein Lieber, ich wünsche in allen Stücken, daß dir's wohl gehe und du gesund seist, wie es denn deiner Seele wohl geht« (3. Johannes-Brief, 2).

Mit der Erschaffung des menschlichen Körpers schuf Gott das komplizierteste, erstaunlichste Instrument, das je entworfen wurde, mit Organen, die dazu angelegt sind, viele Jahre lang zu halten und in einem harmonischen, ausgeglichenen Ganzen zu funktionieren. Dazu fügte er ein Gehirn, das aus etwa drei Pfund Gewebe besteht und imstande ist, zu denken, zu urteilen, sich zu erinnern, sich Vorstellungen zu machen und edle Werke hervorzubringen. Um das Ganze zu krönen, legte Gott ins Zentrum jedes Menschen eine Seele, durch die er den Schöpfer erkennen und mit Ihm durch Zeit und Ewigkeit leben kann. Erstaunlich!

Der Vers aus dem dritten Johannes-Brief bringt die Gesundheit des Körpers mit der Gesundheit der Seele in Verbindung. Wenn Seele und Geist von bösen, negativen Gedanken und Einstellungen freigehalten werden, ist der Körper gesund. Andererseits kann Krankheit der Seele zum Tod führen: »Welche Seele sündigt, die soll sterben« (Hesekiel 18,4)

Heute wissen wir, daß seelische Krankheit körperliche Leiden auslösen kann, aber früher war einem das nicht so richtig klar. Ich erinnere mich gut daran, wie ich die Verbindung zum erstenmal deutlich erkannte. Als junger Pfarrer einer Kirche in Brooklyn, New York, wurde ich ins Spital zu einem schwerkranken Patienten gerufen. Der Mann war ein bekannter Politiker, ein prominentes Gemeindemitglied. Sein Arzt erzählte mir, er sei ein hingebungsvoller Familienvater und eine Säule der Kirche. Der Doktor war beunruhigt, weil er auf die Behandlung nicht ansprach: »Etwas scheint meine Bemühungen, ihn zu heilen, abzublocken.«

Als ich den Mann sah und in seine glanzlosen Augen blickte, hatte ich das Gefühl, daß seelisch etwas mit ihm nicht in Ordnung war, daß seine Krankheit seelische Ursachen hatte. Ich war noch sehr jung und zögerte etwas, aber dann fragte ich: »Sie sind ein sehr angesehener Mann, aber sagen Sie mir: Liegt Ihnen etwas auf der Seele, das Sie quält?«

Er sah mich lange an. Endlich sagte er mit bebender Stimme: »Ja. Ich weiß, ich gelte als guter Familienvater. Ich bin Diakon in meiner Kirche und habe ein Vertrauensamt in der Regierung. Und doch habe ich Dinge getan, deren ich mich schäme. Geradeheraus gesagt, ich bin ein Sünder und ein Heuchler. Wenn die Leute mich wirklich kennten, würde niemand mich achten.«

Ich bot ihm eine dreifache Lösung für sein Problem an: Reue, Beichte und Umkehr, worauf ihm Vergebung, Frieden und Heilung geschenkt würden. Ich hörte die Aufzählung der Sünden an, die er begangen, des Unrechts, das er getan hatte. Dann bat er demütig um Vergebung. Als ich ihm sagte, daß Gott ihn liebe und ihm verziehen habe, seufzte er tief auf. »Ich fühle mich viel besser«, murmelte er. »Ich glaube, jetzt kann ich schlafen.«

Das war der Wendepunkt in seiner Krankheit. Er erholte sich und führte danach ein nützliches, ehrenhaftes Leben. Das Gleichgewicht zwischen Körper, Geist und Seele war wiederhergestellt. Er war wieder zu einem Ganzen geworden.

Diese Ganzheit ist das, wonach wir alle zu jeder Zeit streben sollten. Jesus lehrte uns, Gott um Erlösung von dem Bösen zu bitten. Wenn wir ehrlich um Vergebung beten, werden wir neugeboren, erneuert – recht eigentlich wiedererschaffen an Leib und Seele. Im 103. Psalm, Vers 2-5 wird das beschrieben:

> Lobe den Herrn, meine Seele,
> und vergiß nicht, was er dir Gutes getan hat:
> der dir alle deine Sünden vergibt
> und heilet alle deine Gebrechen,
> der dein Leben vom Verderben erlöst,
> der dich krönet mit Gnade und Barmherzigkeit;
> der deinen Mund fröhlich macht,
> und du wieder jung wirst wie ein Adler.

Gesundheit und Energie zu erlangen ist im wesentlichen ein geistig-seelischer Vorgang. Das innere Leben regt nicht nur Geist und Seele, sondern auch den Körper an. Wir werden in dem Maße gesund, in dem unser Geist gesund denkt und die Seele moralisch sauber ist. Eine reine Seele sendet nämlich andauernd erneuerte Gesundheit durch das ganze System.

In einer klinischen Studie über rund 500 Fälle stellte man fest, daß 383 der untersuchten Personen nicht deshalb krank waren, weil sie verunglückt waren oder an organischen Krankheiten litten, sondern weil, wie ein Arzt es sehr anschaulich beschrieb, »diese Patienten die kranken Gedanken ihres Geistes in ihren Körper abfließen ließen«.

Schon vor vielen Generationen schrieb Plato: »Wir sollten auch nie versuchen, den Körper zu kurieren, ohne die Seele zu kurieren.« Gerade in der heutigen Zeit wird den modernen Forschern wieder bewußt, wie vernünftig dieser Philosoph der Antike gedacht hat.

Seien Sie also stets um Ganzheit bemüht. Halten Sie die drei Grundelemente Ihres Seins – Körper, Geist und Seele in Harmonie und Ausgewogenheit. Denken Sie daran, daß Gesundheit nur möglich ist, wenn diese drei Elemente nicht gegeneinander, sondern miteinander wirken. *Gesundheit, Ganzheit, Heiligkeit* – die drei Worte haben einen gemeinsamen Ursprung. Im tiefsten Grunde haben sie eine gemeinsame Bedeutung. Sprechen Sie dieses einfache Gebet:

Herr, gib mir Gesundheit.
Herr, gib mir Ganzheit.
Herr, gib mir Heiligkeit.

Diese Worte werden Ihrem Geist und Ihrem Körper Ruhe und tiefen Frieden bringen.

Es gibt ein starkes Wort im Buch Josua: »Erwählet euch heute, wem ihr dienen wollt« (24,15). In jenen fernen Zeiten ging es um die Wahl, falschen Göttern zu dienen oder aber dem wahren Gott treu zu bleiben. Die Aufforderung zur Entscheidung läßt sich aber auch auf viele Aspekte des modernen Lebens anwenden. Wir treffen immer wieder die Wahl zwischen dem Negativen und dem Positiven. Wir können eine Lebensweise wählen, die uns Gesundheit und Glück bringt, oder wir können uns für das Gegenteil entscheiden. Wir haben die Wahl zwischen Glauben und Gleichgültigkeit. Die Gelegenheiten, zu wählen, sind endlos.

Glück, Wohlergehen und Erfolg im Leben hängen wirklich davon ab, daß man sich entscheidet, für das

Gewinnbringende entscheidet. Es gibt im Leben Kräfte, die für einen, und solche, die gegen einen wirken. Um Gesundheit und Energie zu gewinnen, müssen Sie imstande sein, wohltuende und bösartige Kräfte zu erkennen und zwischen ihnen die richtige Wahl zu treffen.

Jeden Tag warten, wenn Sie aufstehen, schon Entscheidungen auf Sie. Auf der einen Seite steht Positives bereit: Kreativität, Begeisterung, Liebe, Glaube, Hoffnung; auf der anderen Seite Negatives: Haß, Furcht, Sorge, Zorn, Angst. Diese negativen Einstellungen werden sich Ihrer bemächtigen, wenn Sie es zulassen. Haben sie Sie erst einmal im Griff, dann bringen sie unablässig negative Resultate hervor: Verlust an Energie, Verlust an schöpferischer Kraft, Verlust an Begeisterung und letztlich Verlust an Gesundheit.

Zum Glück können Sie als intelligenter Mensch, als jemand, der die menschliche Natur studiert, die positiven Kräfte nutzen, um Ihren Körper gesund zu erhalten und alle negativen Kräfte abzuwehren. Das ist eine ausschlaggebende, eine siegbringende Wahl. Sie zu treffen verlangt klares Denken und einen starken, entschlossenen Glauben. Wenn der Glaube schwach wird, nistet sich der Zweifel ein, und der kann mit der Zeit jede Persönlichkeit vergiften. Dr. Charles Mayo sagte: »Ich habe noch nie jemanden gekannt, der an Überarbeitung gestorben ist, aber viele, die an Zweifeln starben.«

Ich kannte eine Frau, deren 87jähriger Vater beim Überqueren einer Autostraße verunglückte. Die Autopsie ergab, daß der Mann die Anzeichen etlicher schwerer Krankheiten in sich trug, die aber nie ausgebrochen waren. Die Ärzte sagten der Tochter: »Ihr Vater hatte eine ganze Reihe möglicher Leiden, die ein schlimmes Ende nehmen konnten. Eigentlich müßte er seit zwanzig Jahren tot sein. Aber Sie sagen, er sei, obwohl bald neunzig, immer aktiv und voll Energie gewesen. Das ist erstaunlich!«

Die Frau erklärte: »Mein Vater hatte die Gewohnheit, jeden Morgen zu sagen: ›Das wird ein schöner Tag heute‹ Wenn jemand auf irgendeine unheilvolle oder bedrohliche Situation hinwies, war seine Antwort jedesmal: ›Ich habe Hoffnung.‹«

Offensichtlich wirkte in diesem Manne die Lebenskraft. Trotz der Krankheitskeime, die in ihm steckten, war sein Körper ganz und gar lebendig. Sein Glaube, seine Vitalität, Begeisterung und Liebe zum Leben waren stärker als die gegen ihn arbeitenden negativen Kräfte der Krankheit.

Der verstorbene Wilbur Cross, Gouverneur von Connecticut, hatte auch eine solche Lebensanschauung. Jeden Tag rief er begeistert aus: »Heut' ist ein großartiger Tag dafür!« Jeder Tag hatte etwas Großartiges zu bieten – und wenn man darüber nachdenkt, stimmt es ja: Jeder Tag ist ein großartiger Tag für etwas.

Treten Sie morgen früh an ein offenes Fenster, atmen Sie tief ein, blicken Sie hinaus in Ihren besonderen Erdenwinkel, und sagen Sie laut:

> Danke, Gott, daß ich am Leben bin.
> Danke für Familie und Freunde.
> Heute wird ein großartiger Tag.

Ich setze große Hoffnung in alles,
was dieser Tag bringen wird.
Ich will jede Minute davon voll ausleben.
Der Herr hat diesen Tag gemacht;
ich will mich freuen und darin fröhlich sein!

Benutzen Sie diese Sätze als morgendlichen Motivator; sie werden dazu beitragen, jeden Tag zu einem großen Tag zu machen.

Man macht mir manchmal Komplimente wegen meiner Energie. Eigentlich ist es gar nicht *meine* Energie. Sie rührt daher, daß ich immer bestrebt bin, meinen Sinn offen und empfänglich zu halten für die Energie, die mir von Gott, dem Neuschöpfer zufließt.

Einmal, nachdem ich eine kraftvolle Ansprache von etwa dreiviertel Stunden gehalten hatte, fragte mich ein Reporter: »Wo nehmen Sie bloß diese Vitalität her? Was ist das Geheimnis Ihrer erstaunlichen Energie?«

Wahrscheinlich erwartete er irgendwelche Äußerungen über Turnübungen, Diät, Schlafgewohnheiten oder Erbanlagen. Aber ich sah ihn bloß eine Weile schweigend an und sagte dann: »Wollen Sie das wirkliche Geheimnis von Gesundheit und Energie wissen?«

»Natürlich!« betonte er eifrig.

»Es steht im Buch Jesaja, Kapitel 40, Vers 31«:

Aber die auf den Herrn harren,
kriegen neue Kraft,
daß sie auffahren mit Flügeln wie Adler,
daß sie laufen und nicht matt werden,
daß sie wandeln und nicht müde werden.

Diese biblische Feststellung hat soviel mit meiner anhaltenden persönlichen Gesundheit und Energie zu tun, daß ich die Anwendung jedem empfehlen kann, der wirklich gesund und voller Energie sein will. Kraft ist denen versprochen, »die auf den Herrn harren«. Das bedeutet natürlich die Glaubenshaltung, daß man wahrhaft gesund und von Gott selbst gestärkt werde, wenn man ihn in die Mitte seines Lebens und seiner Gedanken stelle.

Der Jesaja-Vers schildert die Stärke als mächtigen Antrieb, vergleichbar dem Aufschwung eines Adlers. Haben Sie je einen Adler gesehen, der sich »in die Lüfte schwang»? Ich habe es vor Jahren in den Rocky Mountains einmal erlebt. Der gewaltige Vogel saß hoch oben auf einem Berg, auf einer Felsspitze festgekrallt. Minutenlang verweilte er auf dem luftigen Hochsitz, dann breitete er die Flügel weit aus und hob mit einem durchdringenden Schrei ab, stieg hoch und immer höher ins Blaue und verschwand schließlich als kleiner Punkt hinter einem Gipfel. Tief bewegt sagte ich die Zeile vor mich hin: »daß sie auffahren mit Flügeln wie Adler«.

Doch die Bibelstelle erreicht ihren Höhepunkt nicht im Aufschwung, sondern in der Ausdauer: »daß sie laufen und nicht matt werden, daß sie wandeln und nicht müde werden« Das Ergebnis des Aufsteigens ist die Fähigkeit, auf rauhen, harten Wegen zu laufen und weiter, immer weiter zu gehen.

Wer sich in Gedanken und Gemüt aufschwingt wie ein Adler, bekommt Einsicht, Ausdauer und Geduld, um kraftvoll, energisch und entschlossen durchhalten zu können, was immer auch geschieht. Und die Kräfte, die von diesem inneren Aufschwung herrühren, lassen nie nach.

Die Wahrheit ist einfach und grundlegend, wie alle großen Wahrheiten. Menschen, die »auf den Herrn harren«, stellen sich mitten in die Lebenskraft, mit der Gott das Weltall durchströmt. Man kann wohl auch am Rande dieses Stromes leben oder sogar außerhalb, nur existiert man dann eher, als daß man wirklich lebt. Jeder wahrhaft erfolgreiche und glückliche Mensch, den ich je getroffen habe, erkennt das und entscheidet sich für die Lebenskraft.

Für jene, die unsicher sind, was mit diesem »auf den Herrn harren« gemeint ist, hat Gott selbst Regeln und Richtlinien gegeben, und zwar so klar und deutlich, daß jeder sie verstehen kann. Darum ist es so wichtig, regelmäßig in der Bibel zu lesen. Sie bietet uns die Anleitung für seelische und körperliche Gesundheit.

Hier sind drei einfache Vorsätze. Befolgen Sie sie, und Ihr Leben kann sich von Grund auf ändern:

1. Ich beschließe, jeden Tag ein Kapitel der Bibel zu lesen.
2. Ich beschließe, jede Woche einen Bibelabschnitt meinem Gedächtnis einzuprägen.
3. Ich beschließe, für die Energie und Gesundheit, die mir geschenkt sind, zu danken.

Die Bibel ist uns allen zugänglich. Wir haben weiter nichts zu tun, als sie aufzuschlagen, zu lesen, zu glauben und danach zu handeln.

Jeder aufmerksame Beobachter weiß, daß »Leben« von der bloßen Existenz auf tiefster Ebene bis zur spirituellen

Freude auf höchster Ebene reicht. Einige Menschen, die ich kennenlernte, haben diesen Zustand in einem hohen Maß an Vollkommenheit erreicht. Einer von ihnen war Dr. John Reilly. Er war Mitglied meiner Kirche, ein großer Arzt und ein kluger, verständnisvoller Christ. Als Arzt betreute er auch einen Präsidenten der Vereinigten Staaten.

Es war Dr. Reillys Gewohnheit, jeden Morgen Gott für jedes Organ seines Körpers zu danken und ihn zu bitten, daß er jedes einzelne segne, damit es tadellos funktioniere. Dieses Vorgehen ist es bestimmt wert, nachgeahmt zu werden. Dr. Reillys Morgengebet lautete:

Danke, Gott, für meinen klaren Kopf.
Danke für mein starkes Herz.
Danke für meine gesunde Lunge, mein
wunderbares Netz von Venen
und Arterien,
mein zuverlässiges Verdauungssystem.
Danke für meine Sehkraft und mein Gehör.
Danke für die Vollkommenheit Deiner
schöpferischen Kunst,
die sich
in meinem ganzen Körper zeigt.

Sein Leben lang blieb Dr. Reilly gesund, geistig wach und sehr lebendig. Im Alter von fünfundneunzig Jahren legte er sich eines Nachmittags zu einem Schläfchen nieder. Im Schlummer rief der himmlische Vater ihn heim.

Seine Pflegerin erzählte mir später, er habe an jenem Tag, bevor er sich hinlegte, zu ihr gesagt: »Richten Sie Dr. Peale aus, ich werde von der anderen Seite aus für ihn arbeiten.« Ich bin froh, daß er das tut, denn er war geistig-seelisch ein Riese und medizinisch ein großer Könner auf dieser Seite, und Gott könnte ihn sehr wohl drüben zu einem seiner Engel der Gnade erwählen.

Dr. Reilly hat mir oft gesagt, er sei überzeugt, daß unsere körperliche Gesundheit weitgehend durch unser gewohnheitsmäßiges Denken bedingt werde. Und er fügte hinzu, eine der wichtigsten Voraussetzungen zur Erhaltung der Gesundheit bestehe darin, jede Verhaltensweise zu vermeiden, die zu Reue oder Schuldgefühlen führe. Schuldbewußtsein kann in der Tat den Samen der Krankheit in die Seele legen, einer Krankheit, die den Geist und mit der Zeit auch den Körper schädigt. Wenn jemand ein Verhalten angenommen hat, das ihm Schuldgefühle verursacht, dann soll er sich, falls er gesund bleiben will, dieses Tun schleunigst abgewöhnen.

Einst schrieb mir eine Frau: »Wenn Sie in unsere Stadt kommen, bitte, besuchen Sie meinen Mann.« Er war früher erfolgreich im Geschäft, aktiv in Bürgergruppen, populär und lebensfroh gewesen. Auf einmal aber schien er seine Vitalität verloren zu haben. Er saß oft nur da und starrte ins Leere. Sein Zustand wurde schließlich als Nervenzusammenbruch diagnostiziert. Niemand wußte etwas Genaueres über die Ursachen, aber ein besonders feinfühlender Arzt bemerkte, es könnte dem Patienten etwas auf der Seele lasten und er würde vielleicht genesen, wenn man ihn dazu brächte, sein Herz auszuschütten.

Dann besuchte ich ihn. Er war matt und teilnahmslos und sagte nur mehrmals, er sei »erkrankt«. Schließlich fragte ich: »Liegt etwas auf Ihrem Gewissen, das Sie niemandem gesagt haben? Ich bin Pfarrer, mich kann nichts erschrecken, was Sie erzählen. Ich schlage Ihnen deshalb vor, daß Sie reinen Tisch machen und sich alles von der Seele reden.« Ich erklärte ihm die Wirkung eines ungesunden seelischen Zustandes auf den Körper. Allmählich, Stückchen um Stückchen, gab er Dinge preis, die er getan hatte und von denen er wußte, daß sie unrecht waren. Als er endlich alles los war, lehnte er sich erschöpft zurück.

Ich machte mit den Händen eine häufelnde Bewegung.
»Was tun Sie da?« fragte er neugierig.

»Ich lege diesen ganzen Teil Ihrer Vergangenheit, der so schwer auf Ihrer Seele gelastet hat, zu einem Haufen zusammen. Eine ganz schöne Menge böses und krankes Zeug, nicht wahr? Wie konnten Sie bloß erwarten, sich mit alledem auf Ihrem Herzen, auf Ihrer Seele noch wohlzufühlen?« Dann forderte ich ihn auf, den Herrn um Vergebung zu bitten; ich sei sicher, daß er dann wieder gesund werde. Er tat es sofort, betete laut und mit schlichten Worten. Es war bewegend, ihm zuzuhören.

Dann saßen wir eine Weile still da. Auf einmal stand er auf, streckte die Arme über den Kopf, atmete tief ein und rief: »Ach, wie fühle ich mich wohl! Ich danke Dir, Gott, danke, danke!« Das war der Anfang seiner Genesung.

Es ist wichtig, daran zu denken, daß Gott uns nicht nur erschaffen hat, sondern uns immer wieder neu erschafft. Die Lebenskraft in uns wirkt und baut unablässig, sorgt dafür, daß jedes Organ in voller Harmonie mit Gottes Gesetzen funktioniert. Eine Möglichkeit, diesen Vorgang zu unterstützen, liegt in der positiven Bejahung. Bestätigen Sie jeden Tag mindestens einmal:

Gottes Lebenskraft durchströmt jetzt mein Sein.
Mein ganzer Körper füllt sich mit Gesundheit.
Die heilende Gnade des Großen Arztes stützt mich.
In Ihm ist Leben; Sein Leben ist in mir.
Ich bin gesund und stark. Gott sei gelobt!

Kraft an Körper, Geist und Seele ist das, was Gott für uns will. Er will, »daß ihr gestärkt werdet mit aller Kraft« (Kolosser 1,11).

Die Bibel spricht von Gott als dem Einen, der *alle* Leiden heilt. Das ist eine allumfassende Verheißung. Gottes heilende Macht ist für alles da, was mit unserer körperlichen, geistigen und seelischen Verfassung nicht in Ordnung ist. Damit soll natürlich in keiner Weise der große Wert von Medizin und Chirurgie herabgesetzt werden. Im Gegenteil: Gott heilt auf vielerlei Art, nicht zuletzt auf dem Weg über Ärzte, Chirurgen, Medikamente und die von der Wissenschaft geschaffenen Instrumente.

Immer an Gesundheit zu denken, Gesundheit zu üben, Gesundheit zu bestätigen, das trägt sehr viel dazu bei, Ihnen Gesundheit zu schenken.

Dr. Paul Tournier schrieb:

> Die meisten Krankheiten kommen nicht, wie man allgemein annimmt, wie ein Blitz aus heiterem Himmel. Der Boden wird über Jahre hinweg darauf vorbereitet, durch falsche Ernährung, Unmäßigkeit, Überarbeitung und moralische Konflikte, die die Vitalität des Subjekts langsam untergraben. Jeder Akt physischen, psychischen oder moralischen Ungehorsams gegen Gott ist ein Akt falschen Lebens und hat seine unvermeidlichen Konsequenzen.

Glücklicherweise hat uns der Herr Gegenmittel gegen diesen Verfall gegeben. Eine seiner wichtigen Heilmethoden ist die Freude. In der Bibel steht: »Ein fröhlich Herz macht das Leben lustig« (Sprüche 17,22).

Dr. John A. Schindler, ein berühmter Arzt, der viele Jahre lang in Wisconsin praktizierte, hat ein wichtiges Buch geschrieben: »Wie man 365 Tage im Jahr lebt«. Er fragte seine Patienten regelmäßig: »Hören Sie, sind Sie glücklich und friedlich genug, um lange zu leben?« Er behauptete, wenn er die Patienten dazu bringe, ihre Gedanken nur für zehn Minuten täglich in den Bereich der reinen Freude zu erheben, dann könne er sie gesund machen, gesund erhalten und ihnen zu einem langen Leben verhelfen.

Robert Louis Stevenson sagte: »Die Freude entbehren heißt alles entbehren.« Paul Tillich, ein berühmter Gelehrter, schrieb in seinem Buch »Der Sinn der Freude«: »Wo Freude ist, ist Erfüllung, und wo Erfüllung ist, ist Freude.«

Ein Mann mittleren Alters, nennen wir ihn Steve, hatte zwei Herzinfarkte erlitten. Die Ärzte hatten ihn in beiden Fällen gut betreut, doch lebte er in ständiger Angst vor einem dritten Herzanfall. Er bildete sich ein, man könne wohl zwei Herzinfarkte überleben, der dritte aber müsse tödlich sein.

»Steve«, redete ich ihm zu, »du wirst noch vor lauter Angst einen dritten Herzanfall bekommen. Ich habe den Eindruck, daß du nicht glücklich bist. Du verströmst Trübsinn, Verzweiflung und negative Gedanken. Mach dir zu eigen, was ein Arzt und Freund von mir sagt: ›Wenn man glücklich ist, ist man ruhig. Und wenn man ruhig ist, ist man glücklich‹ Außerdem, Steve, wirst du dann auch gesünder.«

Dr. Herbert Benson, den ich in diesem Kapitel schon einmal zitiert habe, schreibt: »Eine positive Haltung öffnet die weiten positiven Heilungsmöglichkeiten.« Dr. Benson weist auch auf die Erkenntnisse der tibetanischen Weisen hin: »Der Zustand deines Gemüts ist der wichtigste Einzelfaktor deiner körperlichen Gesundheit.« *(Beyond the Relaxation Response).*

Die Bibel ist recht eigentlich ein Buch über Gesundheit und Wohlbefinden, und wer ihre Lehren voll und getreu befolgt, der wird im Grunde meist ein gesunder Mensch sein. Ich zitierte Steve auch die Worte Jesu aus Johannes 14,27: »Den Frieden lasse ich euch, meinen Frieden gebe ich euch. Nicht gebe ich euch, wie die Welt gibt. Euer Herz erschrecke nicht und fürchte sich nicht.«

»Also, Steve«, fuhr ich fort, »wenn du nachts zu Bett gehst und zu schlafen versuchst, dann leg die Hand auf dein Herz, und stell dir vor, es sei die heilende Hand Jesu. Und dann sag: »Laß *mein* Herz nicht erschrecken und gib, daß ich mich nicht fürchte.‹«

Steve war tief bewegt. Tränen schossen ihm in die Augen. Deshalb sprach ich weiter: »Als Pfarrer und als einer, der sich an die Wahrheiten der Bibel hält, schlage ich dir vor, daß du das jeden Tag tust. Dann wirst du froh und ruhig werden. Du wirst in den Bereich der reinen Freude gelangen. Das ist ein gewaltiger Vorgang.« Steve, ein aufrichtig Glaubender, befolgte meinen Rat. Er bekam keinen dritten Herzinfarkt.

Einer von Steves Fehlern war gewesen, daß er zuviel über sich selbst nachgrübelte. Wenn man sich selbst in den Mittelpunkt der Gedanken stellt, kommt dies einem

Selbstmord der Persönlichkeit nahe. Eigenliebe, Selbstmitleid und Eigennutz sind zerstörerische Krankheiten, an denen die Persönlichkeit dahinsiecht und stirbt. In jedem Alter, unter allen Voraussetzungen kann jemand sich besser fühlen, wenn er die Hand ausstreckt und anderen beisteht. Hilfreiche Menschen sind frohe Menschen, und Freude wirkt wie Medizin.

Eine weitere geistige und seelische Medizin ist die Hoffnung: »Nun aber bleibt Glaube, Hoffnung, Liebe, diese drei« (1. Korinther 13,13). Schicken Sie jeden Tag drei große Worte in Ihr Inneres – *Glaube, Hoffnung, Liebe* –, das wirkt belebend auf Ihre Gesundheit.

Shakespeare sagte: »Die Elenden haben keine Arznei als nur die Hoffnung.« Er wies damit auch darauf hin, daß Hoffnung eine Arznei ist. In der Tat hat Hoffnung die Wirkung eines Heilmittels. Wenn Sie Hoffnung haben, dann stehen Sie gerader, dann werfen Sie die Schultern zurück, dann atmen Sie Gottes Luft tief ein, und Ihr Gemüt füllt sich mit gesunden Gedanken.

Mein Wagen müsse überholt werden, sagte der Mechaniker: »Ein sauberer Motor bringt Leistung.« Das gilt auch für den Menschen. Schmieren Sie Ihr Gemüt, Ihre Seele mit Hoffnung, und sie werden mit voller Kraft arbeiten, denn mit der Hoffnung kommt Lebendigkeit, Begeisterung, Schwung und Vitalität.

Elbert Hubbard gab uns unschätzbare Ratschläge voller Hoffnung und Gesundheit:

> Heben Sie das Kinn, tragen Sie den Kopf hoch, und füllen Sie die Lungen bis aufs äußerste; trinken Sie den

Sonnenschein, grüßen Sie Ihre Bekannten mit einem Lächeln, und legen Sie die Seele in jeden Händedruck.

Haben Sie keine Angst, mißverstanden zu werden, und vergeuden Sie keine Minute mit Gedanken an Ihre Feinde. Versuchen Sie sich fest darauf zu konzentrieren, was Sie tun möchten, und dann werden Sie sich, ohne von der Richtung abzukommen, geradewegs auf das Ziel zubewegen.

Behalten Sie die großen, herrlichen Dinge im Sinn, die Sie tun möchten, dann werden Sie, während die Tage vorübergleiten, unbewußt die Gelegenheiten ergreifen, die zur Erfüllung Ihres Wunsches notwendig sind.

Zeichnen Sie in Ihrem Geist ein Bild der tüchtigen, ernsthaften, nützlichen Person, die Sie sein wollen, und der Gedanke, den Sie in sich tragen, verwandelt Sie von Stunde zu Stunde mehr in diesen bestimmten Menschen.

Der Gedanke ist das höchste. Halten Sie an der richtigen inneren Einstellung fest: der Einstellung von Mut, Offenheit und Fröhlichkeit. Richtiges Denken ist schöpferisches Tun. Alle Dinge kommen über das Wünschen, und jedes aufrichtige Gebet wird erhört. Wir werden dem gleich, auf das unsere Gedanken fest gerichtet sind.

Sehen Sie sich nie als alt, müde, krank oder mutlos an. Sehen Sie sich nie als geschlagen an. Hoffnung ist eine Form der Vorstellung. Bringen Sie Hoffnung in Ihr Gemüt, tauschen Sie alle negativen Gedanken gegen positive aus. Denken Sie immer daran: Wir haben die Neigung, das zu werden, was wir uns vorstellen oder vor uns sehen.

Reißen Sie sich hoch, körperlich, geistig, seelisch, indem Sie Ihre Seele mit Hoffnung füllen. »Was betrübst du dich, meine Seele? ... Harre auf Gott! denn ich werde ihm noch danken« (Psalm 42,12). Wenn diese Hoffnung auf Gott in Ihrer Seele ist, dann werden Sie ihm noch danken, denn Sie werden an Körper, Geist und Seele gesund sein.

Ein Arzt hatte einen siebzehnjährigen Patienten, der im Koma lag. Die Eltern des Jungen waren geschieden, und er hatte, bevor er krank wurde, schwer darunter gelitten. Der Arzt ließ die Mitglieder der auseinandergebrochenen Familie kommen, und ein Nachbarfarmer, der den Jungen lieb hatte, war auch dabei. Der Arzt saß am Bett und studierte seinen Patienten, dann sagte er: »Alle Anzeichen deuten darauf hin, daß der Junge noch in dieser Nacht sterben wird. Aber eigentlich müßte er, rein medizinisch gesehen, nicht sterben. Er hat einfach keinen Lebenswillen mehr. Was er braucht, ist eine sofortige Transfusion.«

Gleich erklärten sich alle bereit, ihr Blut zu spenden, doch der Arzt sagte, er wolle kein Blut. Er wolle die Transfusion gesunder Gedanken. »Wenn wir ins Unterbewußtsein des Jungen einzudringen und ihm zuversichtliche Gedanken einzuflößen vermögen, dann können wir vielleicht der Krankheit entgegenwirken.«

Der Farmer war ein Mann von schlichtem Glauben. Er hielt eine Bibel in der großen Hand. Er kannte sie fast auswendig und blätterte voll Liebe darin. Er kniete am Bett des Jungen nieder und las ihm während langer Zeit Abschnitte vor, die von Leben, Glauben, Liebe, Hoffnung, der Güte Gottes und der Gnade Christi handeln.

Die Familie stand um das Bett herum, jeder einzelne bot alle guten inneren Kräfte auf und versuchte sie auf den Jungen zu übertragen. Endlich, als der Tag anbrach, schlug der Junge die Augen auf, blickte um sich und lächelte, dann sank er in ruhigen Schlaf. Der Arzt sagte: »Er hat die Krise überwunden. Die ›Transfusion‹ war erfolgreich. Er wird leben!«

Tiefer Glaube ist eine große heilende Kraft. Von der Art und Güte unserer Gedanken kann ein längeres Leben abhängen.

Ralph Waldo Trine, der populäre Verfasser von »Im Einklang mit dem Unendlichen«, hat geschrieben: »Möchten Sie immer jung bleiben, und möchten Sie die ganze Fröhlichkeit und Spannkraft der Jugend in Ihre reiferen Jahre mitnehmen? Dann passen Sie auf eines auf: darauf, wie Sie in Ihrer Gedankenwelt leben.« Ich möchte hinzufügen, daß der für Gesundheit und Energie wichtigste Gedanke der Gedanke an Gott ist, unseren Schöpfer und Neuschöpfer.

Wiederholen Sie immer wieder die folgenden gesundheits- und energiespendenden Worte:

> Die Lebenskraft des allmächtigen Gottes, meines Schöpfers und Neuschöpfers, durchströmt jetzt mein ganzes Sein, vom Scheitel bis zur Sohle. Die einfließende starke Lebenskraft reinigt mir Geist, Seele und Körper. Sie erfüllt mich mit neuem Leben, mit Gesundheit und Energie. Für diese wundersame Wohltat danke ich Gott durch Jesus Christus.

Möge Gesundheit, Glück und Gottes Frieden mit Ihnen sein, jetzt und immerdar.

10. Kapitel

Wie lernt man, positiv zu denken?

Es gibt Menschen, die, wie es scheint, schon von Natur aus positiv denken. Andere müssen es hart lernen. Für die Theorie, wir alle seien zum positiven Denken geboren, spricht meiner Meinung nach vieles. Ich kann mich jedenfalls nicht erinnern, jemals ein negatives Kleinkind gesehen zu haben, außer vielleicht ein krankes. Aber manche, vielleicht sogar viele Babys werden in negative Familien hineingeboren. Kleinkinder sind überaus empfindlich für die Atmosphäre, die sie umgibt, und haben die Tendenz, die vorherrschenden geistigen und seelischen Anlagen der Familie an- und in sich aufzunehmen. Wenn also die familiäre Atmosphäre negativ angelegt ist, werden sie unbewußt in ihren Denkvorgängen negativ geprägt.

Sie wachsen also mit negativen Geisteshaltungen auf. Wenn sie dann später, als Zwanzig- oder Dreißigjährige, positiv denken möchten, stehen sie vor dem Problem, eingefleischte Denkgewohnheiten »entlernen« zu müssen, und dieses Umlernen ist keine Kleinigkeit. Und doch ist dem Menschen die Kraft, mit Gewohnheiten zu brechen, genauso gegeben wie die Fähigkeit, Gewohnheiten anzunehmen, und jede Gewohnheit läßt sich ändern. Obwohl die durch altgewohnte Denkvorgänge eingegrabenen Furchen im Gehirn manchmal sehr tief sein können, sind sie gegen ein »Umgraben« nicht gefeit, sofern nur der Wunsch dazu intensiv genug, der Wille stark und die Phantasie zielgerichtet ist.

Menschen, nach dem Bilde Gottes geschaffen und mit seinen Eigenschaften begabt, sind von Natur aus positiv, weil Er positiv ist. Der Schöpfer hat ein erstaunliches Vertrauen in seine Geschöpfe, denn er verleiht ihnen das Recht und Privileg der Wahl. Sie dürfen sich frei für den Irrtum statt für die Wahrheit, für das Böse statt für das Gute, für das Falsche statt für das Rechte entscheiden. Sie dürfen in ihrem Denken negativ statt positiv sein. Aber auch wenn sie sich für diese Werte entschieden und jahrelang danach gelebt haben, können sie zu jeder Zeit ihr Entscheidungsrecht wiederum in Anspruch nehmen und die entgegengesetzten Werte wählen. Das Christentum fordert zu dieser Umkehr auf, zu diesem Vorgang, durch den man »bekehrt« wird oder sein Wesen ändert. »Darum, ist jemand in Christo, so ist er eine neue Kreatur; das Alte ist vergangen, siehe, es ist alles neu geworden!« (2. Korinther 5,17).

Ich will diese Tatsache ganz besonders hervorheben: Sie *können* vom negativen zum positiven Denken wechseln und sich aller Segnungen erfreuen, die ein solcher Wandel mit sich bringt; es ist möglich, ganz gleich, wie lange und wie vollständig Sie ein negativ denkender Mensch gewesen sein mögen. Warum ich da so sicher bin? Weil ich selber diese Umkehr erlebt habe; und wenn ich es schaffte, mein Denken vom Negativen ins Positive zu drehen, bin ich fest überzeugt, daß das jeder kann, der bereit ist, den Preis an Bemühung und Ausdauer dafür zu bezahlen.

Da eigenes Erleben mehr wert ist als tausend ungestützte Behauptungen, möchte ich Ihnen noch einmal in Erinnerung rufen, daß ich als Jüngling furchtbar von Selbstzweifeln und Minderwertigkeitsgefühlen geplagt wurde. Mit diesem Elend ging auch der nagende Zweifel einher, ob ich jemals meine Träume – denn die hatte ich – würde verwirklichen oder meine Ziele – denn die hatte ich auch – würde erreichen können. Zwar wurde ich von und mit geistig aktiven Menschen aufgezogen. Aber ich war auch, wie es schien, von einer ganzen Anzahl gewohnheitsmäßiger Kleinmütiger umgeben. Finanziell balancierte man in unserer Familie immer auf Messers Schneide, eine Situation, die sicher dazu beitrug, mein Gefühl der Unsicherheit zu entwickeln. Die bange Erwartung, daß etwas Unbestimmtes, aber Schreckliches bevorstand, gehörte zur geistigen Atmosphäre meiner Jugendzeit. Aber was immer auch die Ursache gewesen sein mag, zu meinen Minderwertigkeitskomplexen gesellte sich eine allgemein negative Haltung. Trotz meiner Zukunftsträume war ich ein negativer Denker. In diesem Zustand blieb ich bis zu meinem zweiten Studienjahr am College, als Gott auf wundersame Weise meine negative Weltbetrachtung umdrehte.

Das Allerwichtigste auf dem Weg zum positiven Denken ist der Wunsch. Sie müssen so eindringlich wünschen, ein positiver Mensch zu werden, daß Sie den Entschluß fassen, auf der Stelle mit der Änderung zu beginnen. Und ich versichere Ihnen: Wenn Sie daran glauben, daß Sie sich vom Negativen zum Positiven wandeln können, dann schaffen Sie das auch.

Es ist etwas Merkwürdiges an dieser Umkehr: Wenn Sie heute ein positiver Mensch sind, kann es durchaus sein, daß Ihnen gar nicht bewußt ist, wie es eigentlich dazu kam. Die ganze Zeit, während Sie sich abmühten, zu glauben, steckten Sie bereits im Werdegang zum positiven Menschen. In dem Augenblick, als Sie es versuchten, befanden Sie sich im Kraftstrom des neuen, dynamischen Denkens.

Anläßlich einer Tagung für die tüchtigsten Agenten einer großen nationalen Versicherungsgesellschaft sprach ich in diesem Sinne zum gleichen Thema. Nach meinem Vortrag trat ein attraktives junges Paar ganz aufgeregt zu mir, und der Mann sagte: »Ich habe bisher nie gewußt, wie ich positiver denken lernte. Aber in Ihrer Ansprache vorhin haben Sie genau das beschrieben, was mit mir geschehen ist. Ich möchte Ihnen einfach sagen, daß ich jetzt weiß, wie ich zu dem Erfolg gelangte, der mich überrascht hat und der mich als einen Gewinner zu diesem Kongreß brachte. Dem Herrn sei Dank«, schloß er innig, »denn es war Gottes Werk.«

Er erzählte, wie in ihm der Wunsch immer heftiger geworden war, seiner negativen Weltanschauung, an der er von Kindheit an gelitten hatte, ein Ende zu machen. Obwohl er nicht in einer religiösen Familie aufgewachsen war, ganz im Gegenteil, gelangte er doch zur bestimmten Überzeugung, daß er nur durch den Glauben an Gott jemals sein Minderwertigkeitsgefühl und seine Selbstzweifel würde überwinden können. Er versuchte das vor seinem Vater, der ein fanatischer Gegner des christlichen Glaubens war, zu verbergen, aber der alte Herr durchschaute seinen Sohn. »Ich glaube nicht an dieses Gerede von Gott, das weißt du. Und ich habe mich bemüht, dich als objektiven Denker aufzuziehen, frei von dieser religiösen Gefühlsduselei. Aber wenn Gott dich von diesem Minderwertigkeitskomplex, der nichts als Mißerfolge erzeugt, befreien kann, dann, mein Junge, will ich als gerecht gesinnter Mann ihm das gebührend hoch anrechnen.«

»Und was denkt Ihr Vater jetzt, wo Sie eine der Spitzenkräfte Ihrer Firma und ein anerkannt positiv denkender Mensch geworden sind?« wollte ich wissen.

Er lachte leise. »Dad sagt, wenn Gott mich aus einer negativ denkenden Niete in einen erfolgreichen positiv denkenden Menschen habe verwandeln können, dann wäre es wohl das Beste, sich mit diesem Gott bekanntzumachen. Und er sagt zu anderen Leuten: ›Gott hat etwas für meinen eigenen Sohn getan, wozu ich selber nie imstande gewesen bin.‹ Jedenfalls«, schloß der junge Mann, »sehe ich jetzt klar, daß es ein seelischer Vorgang war, der mich aus einem lähmenden Negativzustand erlöste. Und Sie können mir glauben: ich bleibe dabei.«

Im Oktober 1952 kam mein Buch »Die Kraft positiven Denkens« heraus. Es war das erste Buch, das jemals diesen Titel trug. Es wurde mehr als fünfzehn Millionen Mal in fünfundvierzig Sprachen verkauft. Seit seiner Veröffentlichung haben viele Autoren unter verschiedenen Titeln über das gleiche Thema geschrieben. Aber der Ausdruck »Die Kraft positiven Denkens« ist zu einem Grundbegriff in der englischen Sprache und Kultur und durch seine Übersetzung auch in vielen anderen Kulturen der Welt geworden.

Daß positives Denken in der beschriebenen Weise wirkt, daran besteht nicht der geringste Zweifel. Eine umfangreiche Korrespondenz mit Lesern, die nach dem Erscheinen des Buches begann und in jedem Brief erzählt, wie positives Denken ein Leben verwandelt und einen Menschen vom Versagen zum Erfolg geführt hat, beweist, daß Millionen durch das Prinzip des positiven Denkens zu neuer Hoffnung und neuem Leben gefunden haben. Kurz, es schenkte jedem einzelnen frohe Erfüllung.

Um dem immer wieder geäußerten Ansuchen »Ich möchte mehr über positives Denken wissen« zu entsprechen, organisierte ich einen »Klub der positiv denkenden Menschen« und schreibe jeden Monat eine Lektion über positives Denken, die allen Klubmiegliedern mit der Post zugestellt wird. Tausende bekommen diese Lektion. Tausende von jungen Menschen – Teenager und Zwanzig- bis Dreißigjährige, die noch nicht geboren waren, als mein erstes Buch herauskam – bitten mich: »Erzählen Sie mir mehr über positives Denken!« Sie wollen wissen, was es ist und wie sie positives Denken lernen können, weil sie überzeugt sind, daß dies die beste aller möglichen Lebensarten ist.

Diese Fragen zu beantworten und so vielen Menschen wie nur möglich zu einem kreativen, glücklichen, erfolgreichen Leben zu verhelfen, betrachte ich als meine Aufgabe auf Erden. Offenbar ist es der Wille Gottes, daß diese Aufgabe erfüllt wird. Er schenkte mir die Kraft, andauernd auf der ganzen Welt vor großem Publikum über positives Denken zu sprechen, Bücher über dieses Thema zu schreiben, die Zeitschrift »PLUS – Das Magazin positiven Denkens« herauszugeben sowie das Magazin *Guideposts,* eine der phänomenal erfolgreichen Publikationen unserer Zeit. Außerdem haben wir noch zwei landesweite Radioprogramme, die unsere Botschaft verbreiten: *Positive Thinkers Network* und *American Character.*

Dieses Buch hier habe ich zum Teil als Antwort auf viele Fragen geschrieben, besonders die Frage, wie man ein positiver Denker werden und in dem Auf und Ab des Lebens positiv bleiben kann.

Wie bereits erwähnt, ist der Wunsch danach die erste Anforderung, doch er allein genügt nicht. Auf seine Intensität kommt es an. Um ein positiver Denker zu werden, muß man es sein wollen, und zwar nicht halbherzig oder sehnsüchtig, sondern mit aller Kraft, die man aufbringen kann. Sonst sind die Chancen auf Erfolg minimal. Mit intensivem, nicht nachlassendem Wollen aber haben Sie bereits die Grundvoraussetzung, um ein positiver Mensch zu werden.

Ich muß noch einmal hervorheben, daß es Menschen gibt, die von Natur aus positiv denken und glücklicherweise als Kinder nie einer vorherrschend negativen Umgebung ausgesetzt waren. Aus irgendeinem Grunde, wahrscheinlich dank Erbanlagen oder starker Beeinflussung durch die Familie, erwiesen sie sich als unempfindlich gegenüber all dem Negativen um sie herum. Offenbar ist natürliches positives Denken weniger verbreitet als negatives. Doch seit der Begriff des positiven Denkens in den dreißiger Jahren, der Zeit der großen Depression, aufkam, ist diese Art des Denkens und Handelns außerordentlich populär geworden. Infolgedessen hat sich die Zahl der Menschen, die zu einer positiven Haltung gelangt sind, gewaltig erhöht.

Nachdem ich eines Abends zu einer mehrtausendköpfigen Personalversammlung in Atlanta gesprochen hatte, trat ein junger Mann auf mich zu und sagte: »Bitte betonen Sie auch weiterhin, wie grundlegend wichtig die Intensität des

Wunsches ist, wenn man eine positive Einstellung gewinnen und bewahren will.«

Die Sache schien ihm so wichtig zu sein, daß ich fragte: »Warum? Haben Sie in dieser Beziehung etwas erlebt?«

Da erzählte er mir, daß er aus einer sehr armen Bauernfamilie stammte und daß es sein Vater nie geschafft hatte, die kleine Farm in Gang zu bringen. Die landwirtschaftlichen Geräte und Maschinen, ohnehin alle aus zweiter oder gar dritter Hand, fielen immer wieder aus. Und da es dem Vater ständig an Bargeld mangelte, mußten sie meist von Hand repariert werden. »Keiner von uns war handwerklich geschickt. Weil wir infolgedessen ständig am äußersten Rand der Armut, lebten, waren unsere Gespräche zu Hause auch immer negativ: ›Wir schaffen es nicht. Wir kommen nie auf einen grünen Zweig. Es ist alles hoffnungslos.‹ Es waren stets die gleichen trüben Aussichten. Nie hörte ich irgendeine optimistische Äußerung. Dann hielt eines Tages jemand eine Ansprache vor unserer Schulversammlung. Ich weiß heute noch nicht, wer er war, aber später hörte ich eine vage Andeutung, er sei von der Nationalen Registrierkassengesellschaft in Dayton gewesen. Wir lebten unten am Fluß im südöstlichen Ohio. Er sprach über positives Denken und sagte, wenn man sich angewöhne, positiv zu denken, selbst über die negativsten Umstände, dann setze man schöpferische Kräfte in Bewegung, die allem Negativen entgegenwirken würden.

Dieser Redner war praktisch und vernünftig, hatte eine Menge Humor und wirkte ungeheuer überzeugend. Er zeigte mir, daß es einen helleren Ausblick in die Zukunft geben konnte. Und ich wollte doch anders sein, wollte loskommen von all dem trübsinnigen Denken und Reden.

Ich weiß nicht, wie ich allein darauf kam, denn es war niemand da, der mich hätte lehren können, aber ich begann mir darüber klar zu werden, daß ich das Positive wollen mußte, wollen mit aller Kraft, die ich hatte. Ich war gescheit genug, in unsere kleine Ortsbibliothek zu gehen und nach einem Buch zu suchen, das mir helfen konnte. Ich fand eines Ihrer Bücher, *You Can If You Think You Can.* Danach erkannte ich, daß das, was man denkt, wenn man es fest genug denkt, letztlich eintrifft. Wenn man denkt, daß man auf eine höhere Stufe aufsteigen kann, dann kann man es, mit Gottes Hilfe.

Also«, schloß er, »wenn Sie herumreisen und Vorträge halten, denken Sie bitte immer daran, daß in jedem Publikum jemand wie ich sitzt, jemand, den, wie die Bibel sagt, ›hungert und dürstet nach der Gerechtigkeit‹.« (Matthäus 5,6)

Er nahm das biblische Wort Gerechtigkeit für »Rechtschaffenheit«. Dieser ernste junge Mann hatte einen geistigen und seelischen Wandel durchgemacht. Er hatte entdeckt, daß Hungern und Dürsten nach etwas Größerem, nennen wir es Intensität des Wünschens, unweigerlich zu dem führt, was man so intensiv wünscht.

Natürlich muß man genau wissen, was man so heftig begehrt. Was ist positives Denken? Lassen Sie es mich definieren, indem ich einen positiv denkenden Menschen beschreibe. Er oder sie ist jemand, der seelisch stark, zäh und widerstandsfähig ist, jemand, der jede Schwierigkeit sieht, aber nicht aufbauscht. Diese Person läßt sich von keiner Widrigkeit, keinem Rückschlag, keiner scheinbar ausweglosen Situation aus der Fassung bringen, denn sie weiß, daß sie mit Gottes Hilfe imstande ist, durchzublicken, sich durchzudenken und durchzubeten und alles Schwere zu überwinden. Wer positiv denkt, findet immer einen Weg, immer eine Lösung. Zu jedem großen Problem sagt er ruhig: »Ja, ich weiß, aber –!« Und vielleicht fügt er hinzu: »Was bei den Menschen unmöglich ist, das ist bei Gott möglich« (Lukas 18,27) oder: »Ich vermag alles durch den, der mich mächtig macht, Christus« (Philipper 4,13). Und wissen Sie, was dann? Dann geht der positiv denkende Mensch einfach weiter auf dem Weg zu seinen Zielen.

Eines ist sicher: Positives Denken ist *nicht*, wie einige Negativisten behaupten, ein süßlich schwärmerischer Jugendbuchbegriff. Es ist auch keine unrealistische, leichtfertige Philosophie. Im Gegenteil, positives Denken ist etwas für starke Menschen: stark im Glauben, stark im Denken, stark im Charakter. Und falls sie es noch nicht sind, wenn sie sich dem positiven Denken zuwenden, dann macht der harte Kampf, positiv zu werden, sie stark.

Positives Denken ist das genaue Gegenteil von negativem Denken. Der Negativist ist ein Ungläubiger, der positive Denker ein Glaubender. Der eine ist voller Selbstzweifel, der andere durchdrungen von Selbstvertrauen. Der eine gibt auf, wenn sich Schwierigkeiten auftürmen, der andere ist seiner Lage gewachsen, auch wenn es schlimm wird. Wer negativ denkt, schaltet durch seine Hoffnungslosigkeit den Strom der schöpferischen Kraft ab. Wer positiv denkt, vom Glauben an Gott und an sich selbst geleitet, macht die Kanäle der einströmenden Kraft und Kreativität, die erstaunliche Ergebnisse vollbringen, weit auf. Kurz, wer negativ denkt, neigt dazu, Mißerfolge zu sehen und dadurch zu verursachen. Wer positiv denkt, stellt sich das Mögliche vor und zieht für sich und seine Pläne den Erfolg förmlich an.

Bei der Umkehr vom Negativen zum Positiven gilt es zuerst einmal, sich positive Gedanken zu kleinen Dingen anzugewöhnen. Bombardieren Sie Ihre eingefleischte negative Geisteshaltung mit kleinen positiven Behauptungen, wie etwa: »Ich kann's«, »es ist zu schaffen«, »das kommt sicher gut heraus« Das Durch-den-Kopf-gehen-Lassen solcher bruchstückhaften positiven Gedanken bahnt schon einen frischen, wenn auch noch schmalen geistigen Trampelpfad. Durch tägliches Wiederholen und Hinzufügen stärkerer Gedanken wird er immer breiter und tiefer und bringt schließlich die alten negativen Gedankenkanäle zum Einsturz. Dann übernimmt die positive Geisteshaltung die Herrschaft.

Positiv Denken lernt man nicht nur durch den intensiven Wunsch danach und durch das Umtrainieren der Gedankenvorgänge, sondern auch durch das Erlernen einer neuen Art zu sprechen. Das Sprechen ist ja der hörbare Ausdruck einer durch das Denken geformten Vorstellung. Und die wiederholte Äußerung eines Gedankens bettet ihn immer tiefer ins Unterbewußtsein ein, bis er zuletzt die Dauerform einer Gewohnheit annimmt. Gewohnheit ist bedingt durch ständige Wiederholung einer instinktiven, intuitiven, manchmal auch absichtlichen Handlung. Was ein Mensch letzten Endes wird, ist eine Verbindung von Denken, Reden, Handeln und innerer Einstellung; diese Verbindung entwickelt sich zur Gewohnheit und verfestigt schließlich durch die Aufnahme im tiefen Unbewußten unsere Wertvorstellungen oder Meinungen. Durch diesen Vorgang lernt der Mensch entweder negativ oder positiv denken. Es ist die Methode, durch die sich die Geisteshaltung bildet.

Was Sie in Ihren alltäglichen Gesprächen sagen, hat einen viel stärkeren Einfluß auf die allgemeine Einstellung, als man es für möglich hält. Wenn Ihre übliche Redeweise voll negativer Bemerkungen ist, deutet das auf die negative Grundhaltung Ihrer Gedanken hin. Wenn dagegen immer mehr positive Äußerungen auftauchen, kann man daraus schließen, daß Sie eine geistige Umkehr anstreben, daß Sie versuchen, von einer negativen zu einer positiven Haltung zu wechseln. Wenn das Ohr immer wieder einen positiven Gedanken hört, den der Geist gebildet und der Mund ausgesprochen hat, dann schließen sich drei Mächte – der Geist, das Ohr und der Mund – zu einer Kampftruppe zusammen, um aus diesem negativ Denkenden einen positiv Denkenden zu machen.

Ich benutzte dieses Bild von einem kombinierten Angriff durch Geist, Ohr und Mund auf die negative Gewohnheit in einem Vortrag bei einer nationalen Verkäuferversammlung in Kansas City. Monate später kehrte ich in diese Stadt zurück, um vor Verkäufern der Firma Kraft aus mittelwestlichen und westlichen Bundesstaaten zu sprechen, benutzte aber bei dieser Gelegenheit die damalige Idee nicht.

Als ich das Musikzentrum verlassen wollte, in dem die Tagung abgehalten wurde, stellte sich mir ein Mann in den Weg. »Ich habe mich in die Versammlung eingeschlichen. Ich hatte gesehen, daß Sie als Redner auf dem Programm standen, und dachte, man würde mir mein Eindringen nicht übelnehmen. Wissen Sie, ich hörte Sie damals, als Sie vor ein paar Monaten hier waren und die Sache von Geist, Ohr und Mund sagten. Ich dachte, Sie würden diesmal noch etwas näher darauf eingehen.«

Dann erzählte er, er habe diese Technik angewandt, weil er versuche, sich aus dem Negativismus herauszuarbeiten. »Aber«, sagte er, »ich habe Ihre Idee noch verbessert: Ich habe dem Geist und Ohr und Mund auch das Auge hinzugefügt. Ich habe aufgehört, all das negative Zeug in gewissen Zeitungen und Magazinen und Büchern zu lesen. Ich dachte, ich könne positive Ideen über meine Augen aufnehmen. Also lese ich jedes motivierende und positive Buch, das ich finden kann. Ich bekomme allmählich eine ganze Bibliothek des positiven Denkens zusammen. Auf jeden Fall denke ich positiv, rede positiv, höre positiv zu und sehe positiv. Jeder Zugang zu meiner Persönlichkeit wird bearbeitet.«

»Und das Ergebnis?« fragte ich.

»Mann, ich bin so gerammelt voll mit Positivem, daß der ganze alte Negativismus, mit dem ich jahrelang gelebt habe, einfach hinausgedrängt wird.« Er zögerte. »Sprechen Sie gelegentlich ein Gebet für mich, ja?« Plötzlich schien ihm etwas Neues einzufallen. Seine Gedanken arbeiteten offensichtlich mit voller Kraft. »Vielleicht sollten wir zu Geist, Ohr, Mund und Auge auch noch die Seele nehmen. Ich will Ihnen etwas sagen: Man kann ja dieses Programm gar nicht durchführen, ohne daß Gott mit einem geht.« Dann drückte er mir die Hand »Habe eine geschäftliche Verabredung. Wiedersehen.« Und weg war er, mit strammen Schritten.

Positiver denken, wenn man lange Zeit negativ dachte, ist im wesentlichen eine Selbsterziehung. Und bei diesem Lernprozeß spielen Denken, Hören, Sprechen und Wachsen (besonders im Geist) wichtige Rollen. Ein Mensch kann sein, was er sein will, wenn er weiß, was er sein will, und wenn er es intensiv wünscht und alle geistigen und seelischen Kräfte dafür einsetzt. Dann kann er sein Ziel erreichen, positiv zu denken.

Es ist denkbar, nehme ich an, daß jemand trotz allen Schwierigkeiten, die jeder Mann und jede Frau durchleben, auch ohne besondere Betonung des Geistlichen ein positiv denkender Mensch werden und bleiben kann. Aber ich persönlich kann mir nicht vorstellen, wie jemand ohne die Unterstützung des Gebets und des Glaubens, ohne das, was wir eine spirituelle Erfahrung nennen, negatives Denken und Handeln je vollkommen zu besiegen vermag. Um ein tiefsitzendes Minderwertigkeitsgefühl zu überwinden, habe ich jede in diesem Buch und in all meinen übrigen Büchern vorgeschlagene Methode selber angewendet. Ich muß sagen, ohne spirituelle Hilfe hätte ich es nie geschafft, wäre ich nie vom Negativen freigekommen. Der Herr hat mich von mir selbst erlöst, und wenn es mir gelungen ist, überhaupt etwas Konstruktives im Leben zu leisten, dann nur darum, weil Er mir die ganze Zeit geholfen hat. Ihm verdanke ich alles.

Zuerst einmal mußte ich, damals noch ein Teenager, eingestehen, daß ich niemals imstande sein würde, Selbstzweifel und Minderwertigkeitskomplex ohne Hilfe zu überwinden, daß ich es einfach nicht aus eigener Kraft vermochte. Jahre später gründete ein großer Wohltäter der Menschheit, den zu kennen ich den Vorzug hatte, eine phantastische Organisation mit dem Namen Anonyme Alkoholiker. Der Mann, er hieß Bill Wilson, hatte alles versucht, um die Krankheit zu besiegen, die ihn zerstörte, aber ohne den geringsten Erfolg. Wie er mir erzählte, ging er schließlich zuoberst auf einen hohen Hügel. Dort schrie er seine Gefühle, seine Sehnsucht nach Erlösung und Sieg laut heraus. Und er rief: »Hilf mir, Herr, o bitte, hilf mir! Ich bin machtlos. Ich vermag allein nichts auszurichten. O bitte, hilf mir!« Lange stand er allein auf dem Hügel. Aber er war nicht allein. Auf einmal schien ein starker, frischer Wind zu blasen, und ihm war, als wehte der Wind durch ihn hindurch und fegte ihn rein. Seine ganze Schwäche wurde fortgeblasen. Kraft strömte in ihn hinein. Er war neu-erschaffen.

Wie echt dieses Erlebnis war, geht daraus hervor, daß Bill Wilson mit dem festen Entschluß vom Hügel herunterkam, anderen zur gleichen Befreiung von der furchtbaren Krankheit, die er durchgemacht hatte, zu verhelfen. So kommt es, daß in jedem Büro der Anonymen Alkoholiker, wie ich gehört habe, der Spruch zu lesen ist; »Hier gehe ich, allein durch die Gnade Gottes.«

Dieses spezielle Problem plagte mich nicht, wohl aber negatives Denken und Minderwertigkeitsgefühl und Zweifel an mir selbst. Um sie zu überwinden, um geheilt zu werden, brauchte ich die gleiche Behandlung wie Bill Wilson, nämlich eine Kraft, die über jede menschliche Kraft hinausgeht, die unermeßliche Kraft Gottes, die jedem geschenkt wird, der nicht spitzfindig daran herumdeutelt, sondern sie demütig erbittet und empfängt.

Es gibt Schwächen, die wie Kletten an den Menschen hängenbleiben. Zwei davon sind der Alkoholismus und der Negativismus, und beide wurzeln tief im Unterbewußtsein. Mit oberflächlichen Kuren ist gegen sie nichts auszurichten. Sie müssen mitsamt den Wurzeln ausgerissen und durch eine in die Tiefen reichende Methode, eine bis zum Kern des eigenen Wesens dringende Behandlung geheilt werden. Allein die alles erneuernde Kraft des

Schöpfers, des allmächtigen Gottes vermag mit so wesentlichen Krankheiten fertigzuwerden.

Wenn Sie also gewisse intellektuelle Begriffe oder dilettantische Vorstellungen von Religion oder eine gefühlsmäßige Abneigung gegen sie haben und erwarten, auch ohne Religion die tiefen Wurzeln einer negativen Geisteshaltung beseitigen zu können, so versuchen Sie es ruhig; aber ich warne Sie: Sollten Sie wirklich ohne diese höhere Kraft ein positiver Denker werden wollen, dann steht Ihnen eine sehr schwere Zeit bevor. Ich rate Ihnen, Ihre Antipathie gegen Religion lieber zu überwinden und Gott auf Ihre eigene Weise demütig zu bitten, er möge Ihnen helfen, die zerstörerische Gewohnheit einer negativen Lebenseinstellung abzuwerfen. Er liebt Sie, selbst wenn Sie ihn vielleicht nicht lieben, und er ist bereit, jedem zu helfen, der darum bittet.

Ich werde den zornigen Mann nie vergessen, der an einem bitterkalten Winternachmittag in mein New Yorker Büro stürmte und mich zu sprechen verlangte. »Sind Sie angemeldet?« fragte meine Sekretärin höflich.

»Nein, ich bin nicht angemeldet, aber ich muß Dr. Peale sprechen … und ich *werde* ihn sprechen, ob es Ihnen paßt oder nicht!«

»Einen Augenblick, bitte«, sagte sie und kam herein, um mich über den »wilden Kauz« ins Bild zu setzen, der mich besuchen wollte.

»Schön, bringen Sie ihn herein.« Das wütende Gebaren des Mannes wies auf einen Zustand der Verwirrung hin. Das nun folgende Gespräch erwies sich als eines der merkwürdigsten, die ich je führte, und ich hatte viele seltsame Unterredungen.

Er machte den Eindruck eines gebildeten, soliden Mannes von etwas über dreißig. »Wissen Sie«, legte er los, »ich wäre nicht einfach hier hereingeplatzt, wenn es mir nicht scheußlich schlecht ginge; ich muß unbedingt mit jemandem reden. Sie kennen mich nicht, und ich habe Sie nur einmal gesehen, als Sie bei einer Tagung des Immobilienhandels einen Vortrag hielten. Haben Sie Zeit, sich meine Schwierigkeiten anzuhören?«

»Nun«, antwortete ich, »es kommen ein paar angemeldete Besucher, aber ich kann Ihnen eine Stunde geben. Wenn Sie ihre Geschichte ordentlich vorbringen, sollte das für ein erstes Gespräch reichen. Also fangen Sie an.«

Unverzüglich begann er mit einer bitterbösen Abhandlung über sich selbst. Daß er vor Selbsthaß kochte, war unüberhörbar. Seine lebenslange Scheu und seine Selbstzweifel hatten ihren Tribut gefordert. Bei ihm mußte einfach immer alles danebengehen. Er war ein geborener Versager. Das war sein eingefleischtes Bild von sich, und hätte er nicht etwas ererbtes Vermögen gehabt, wäre er völlig mittellos gewesen. Natürlich war er ein ganz und gar negativer Denker, und außerdem gestand er, Alkoholiker zu sein.

Und doch hatte er eine leise Hoffnung, einen schwach flackernden Wunsch, sich zu ändern und ein normaler Mensch zu werden. »Ich weiß, Sie lehren die Idee vom positiven Denken, Sie haben das positive Denken erfunden. Was mache ich denn nur falsch? Was brauche ich?«

»Es versteht sich von selbst«, erwiderte ich, »daß Sie Gott brauchen. Nur Gott kann Ihre komplizierten inneren Knäuel entwirren.«

Daraufhin lief sein Gesicht rot an. »Ist das alles, was Sie mir zu sagen haben? Ich habe etwas Besseres von

Ihnen erwartet, einem gebildeten Menschen. Sie sind also genau wie die andern. Auch Sie kommen mit Gott daher. Gott. Gott. Gott. Das ist alles, was euch einfällt. Ich sage Ihnen, ich kann dieses Gott-Geschwätz nicht mehr hören.« Er sprang auf und stampfte verärgert aus dem Zimmer, ohne auch nur die Höflichkeit aufzubringen, mir für meine Zeit danke schön zu sagen. Das einzige, was ich tun konnte, war, ihm ein Gebet nachzuschicken, daß der Verstörte irgendwie Frieden finden möge.

Eine halbe Sunde danach sagte meine Sekretärin über das interne Telefon: »Dieser Mann ist wieder da. Ich glaube, Sie sollten ihn vorlassen. Er sieht furchtbar aus.«

Ich entschuldigte mich bei der Dame, die gerade bei mir war, daß wir das Gespräch leider beenden müßten. Der Mann kam herein. Aufgeregt lief er im Zimmer auf und ab. »Was ist bloß mit mir geschehen?« fragte er mehrmals.

»Beruhigen Sie sich, mein Freund, und erzählen Sie mir, was Ihnen jetzt so zu schaffen macht.«

Als er mein Büro verlassen habe, erklärte er, sei er durch die Straßen gegangen und habe vor sich hingebrummt: »Gott. Gott. Immer heißt es Gott … Gott … Gott.« Da war es plötzlich, als flammte überall ein helles Licht auf. Die Winterdämmerung war inzwischen in Dunkelheit übergegangen, aber für ihn war alles hell erleuchtet. Die Gesichter der Leute schimmerten, die Gebäude erstrahlten in weißem Licht. Die normalerweise schmutzigen, unordentlichen Straßen von Manhattan waren sauber und festlich beleuchtet. Die Passanten sahen wunderschön aus. Er starrte sie an, aber niemand schien zu sehen, was er sah. »Selbst die Gehwege waren wie von innen erhellt. Ich bin nicht bei Sinnen. Ich werde verrückt!« rief er. In seiner Verwirrung tat er das einzige, was ihm einfiel: Er kehrte zu meinem Büro zurück.

Er wandte mir sein hilflos verstörtes Gesicht zu: »Was ist mit mir geschehen? Bin ich übergeschnappt?«

»Nein«, sagte ich. »Sie sind durchaus richtig im Kopf. Wahrscheinlich richtiger als je zuvor. Ihnen ist ein seltenes Erlebnis zuteil geworden, eines, das wir mystisch nennen. Gott ist mit Macht in Sie eingedrungen. Ich denke, Sie sind geheilt. Ich glaube, daß Sie neu geschaffen wurden. Fragen Sie mich nicht, warum, denn ich weiß es nicht. Vermutlich will Gott, daß Sie etwas Besonderes mit Ihrem Leben anfangen.«

Die Folge war, daß er ein völlig anderer Mensch wurde, zufrieden, glücklich, normal und eindeutig positiv. In den Jahren nach seinem erschütternden Erlebnis hat er vielen Mitmenschen auf verschiedene Weise geholfen, sich selber zu finden.

In all den Jahren, seit ich mich mit menschlichen Problemen befasse, war die Erfahrung dieses Mannes etwas Einmaliges. Gottes Methode, aus negativem Denken positives und aus schlechten Menschen gute zu machen, ist zumeist ein stillerer, allmählich fortschreitender Wachstumsprozeß. Aber auf welchem Weg auch immer Er eingreift, eines ist sicher: Wenn Sie den Wandel in Ihrer Persönlichkeit nicht aus eigener Kraft zustande bringen, ist Gott immer gegenwärtig und hilft Ihnen, sobald Sie um Hilfe bitten.

11. Kapitel

Endlich glücklich

Man kann sich sicher schwerlich einen deprimierteren, hoffnungsloseren Menschen vorstellen als Ken Butterfield, wie er sich an diesem grauen Februarmorgen die Second Avenue endlangschleppte. Er hatte ein paar Häuserblocks entfernt in einer schäbigen Bude gefrühstückt, Toast und Kaffee und sonst nichts, und in seiner Tasche befanden sich noch genau sieben schmierige Dollarnoten. Die Nacht hatte er in einem Obdachlosenheim verbracht. Etwas immerhin war ihm aus besseren Tagen geblieben: ein guter Anzug. Und er sah sauber und ordentlich aus.

Sein Niedergang war ein schnelles Abtrudeln gewesen. Sein verstorbener Vater hatte ihm ungefähr vierzigtausend Dollar hinterlassen. Er, der noch nie soviel Geld besessen hatte, verpulverte alles, zuerst in teuren Luxuslokalen und zuletzt in billigen Bars. »Für mich gibt's keine Hoffnung mehr«, sagte er zu jemandem.

»Sie sollten Norman Vincent Peale aufsuchen«, riet ihm dieser.

»Wer ist das, und was kann er schon für mich tun?«

»Ihnen vielleicht eine neue Einstellung zu sich selbst geben. Auf jeden Fall wäre es sicher eine gute Idee, zu ihm zu gehen.«

So kam es, daß er an diesem Wintervormittag in meinem Büro aufkreuzte. »Erzählen Sie mir alles, lassen Sie nichts aus«, forderte ich ihn auf.

Derart angespornt, legte er eine kurze Lebensbeichte ab und schloß: »Ich tauge überhaupt nichts. Ich bin eine Null, ein absoluter Versager. Wirklich, ich bin keinen Fünfer wert.« So sehr verachtete er sich.

Trotz dieser vollkommen negativen Selbsteinschätzung fiel mir auf, daß er weder abschweifte noch sich wiederholte, sondern seine Geschichte kurz und knapp erzählte. Das wies darauf hin, daß er fähig war, zu denken und seine Gedanken klar und geordnet zu äußern.

»Gescheit, gescheit«, warf ich ein.

»Was meinen Sie mit gescheit?«

Ich erklärte, daß ich seine Fähigkeit bewunderte, zusammenhängend zu erzählen. »Sie haben Verstand, und wer Verstand hat, kann aus jedem Loch herauskommen, und sei es noch so tief, vorausgesetzt, daß er es wirklich will und bescheiden genug ist, einen Rat anzunehmen.«

»Daß ich Verstand hätte, das hat mir noch nie jemand gesagt«, murrte er.

»Na, und? Jetzt habe ich's Ihnen jedenfalls gesagt.«

Er zog seine sieben schmutzigen Dollarnoten hervor und legte sie nebeneinander auf meinen Schreibtisch. »Das ist alles, was ich auf dieser Welt habe«, verkündete er feierlich.

»Was erwarten Sie von mir? Daß ich weine?« fragte ich. »Mir macht das überhaupt keinen Eindruck. Sie haben sehr viel mehr als diese sieben Dollar. Erstens haben Sie dieses Köpfchen, von dem wir gerade sprachen. Dann haben Sie Ihre Jugend. Und wenn Sie sich stramm aufrichteten, wären Sie eine recht eindrucksvolle Erscheinung.

Eben erzählten Sie mir, daß Sie ein College-Studium mit Auszeichnung abgeschlossen haben. Was soll das heißen, Sie hätten nichts als diese sieben Dollar?«

Ich wies darauf hin, daß er bis jetzt nur alles Negative vor mir ausgebreitet hatte. »Jetzt wollen wir einmal Ihre Aktivposten hervorholen«, sagte ich. Es dauerte nicht lange, und ich hatte ihn soweit gebracht, daß er mir tatsächlich ein paar Dinge erzählte, über die er sich schon früher Gedanken gemacht hatte.

Er war unverheiratet und hatte als Assistent des Direktors in einem Kaufhaus gearbeitet, bevor er zu trinken begann und daraufhin eine gute Stelle mit Aufstiegschancen verlor. Von da an rutschte er haltlos ab. Erst jetzt aber war er sich dessen so recht bewußt und bereit, etwas dagegen zu unternehmen. Er war intelligent genug, um zu erkennen, daß ein erster Schritt darin bestand, sich von seinem negativen Denken abzuwenden, seine Haltung der Hoffnungslosigkeit und Selbsterniedrigung fallenzulassen und nach den positiven Faktoren seiner Situation Ausschau zu halten.

»Warum war ich bloß so blöd, die vierzigtausend Dollar durchzubringen, die mein lieber Vater mühsam zusammengespart hat?« fragte er.

»Oh, auch die Gescheitesten machen Blödsinn. Aber einer Ihrer Aktivposten ist die Intelligenz, zu wissen, wann Sie blöd gewesen sind. Sie haben eine sehr teure Lektion bezogen, wie man mit Geld nicht umgeht. In Zukunft werden Sie, auch wenn Sie eine Menge mehr als diese vierzigtausend besitzen, viel klüger und umsichtiger sein. Buchen Sie das als Lehrgeld ab.«

»Ja, ich weiß, das ist vernünftig, aber wenn ich doch bloß nicht so ein Esel gewesen wäre!«

»›Wenn bloß‹ ist einer der nutzlosesten Ausdrücke, die es gibt«, erwiderte ich und erzählte ihm, was ich von Dr. Smiley Blanton wußte. Dr. Blanton sagte, viele seiner Patienten seien seelisch oder sogar körperlich krank, weil sie von einem »Wenn ich bloß dieses getan oder jenes gelassen hätte« nicht loskommen. Wenn der Patient einmal in der Lage ist, das hilflos bereuende »wenn bloß« durch den Gedanken »nächstes Mal« zu ersetzen, ist er wieder gesund. Der Begriff »nächstes Mal« führt weg von den Dummheiten und Fehlschlägen im Leben und hilft, daß das Schöpferische wieder freie Bahn bekommt.

Trotz seiner negativen Einstellung griff Ken nach dem positiven Denken wie ein Ertrinkender nach einem Strohhalm. Er war von Natur aus intelligent, was sich auch darin zeigte, daß er auf die Idee, ein erfolgreiches Leben sei keineswegs unmöglich, einging. Er kam nicht mehr auf seine einsamen sieben Dollarnoten zurück. Wohl aber ich. Großzügige Freunde hatten mir nämlich einen Fonds zur Verfügung gestellt, aus dem ich mich nach freiem Ermessen bedienen konnte, um Leuten zu helfen, die vorübergehend in Not waren.

»Ken«, sagte ich, »hören Sie auf, mit diesen Versagergedanken Zeit zu vertrödeln. Wir wollen Ordnung in Ihr Leben bringen, und zwar jetzt gleich. Zuerst möchte ich, daß Sie Selbstbestätigung üben. In Ihrem gegenwärtigen Zustand brauchen Sie eine starke Aufbaukur des positiven Denkens. Ich sage Ihnen, wie: Benutzen Sie die bejahenden Sätze, die ich Ihnen geben werde, eine Zeitlang mindestens dreißigmal täglich. Wenn sie anfangen, in Ihrem Kreislauf Wirkung zu zeitigen, können wir die Dosis herabsetzen. Vorläufig aber nehmen Sie die Medizin dreißigmal täglich. Sagen Sie sich laut vor:

1. In mir geht ein schöpferischer Wandlungsprozeß vor.
2. Ich werde jeden Tag in jeder Hinsicht besser.
3. Ich bin entschlossen auf Erfolgskurs.
4. Was mir zusteht, kommt jetzt zu mir.
5. Gott führt mich und hilft mir Tag für Tag.

»Und jetzt, Ken«, fügte ich hinzu, »werde ich etwas Geld in Sie investieren. Gehen Sie zum Christlichen Verein Junger Männer, und mieten Sie ein Zimmer. Verlassen Sie mein Büro mit der Behauptung: ›Irgendwo in dieser großen Stadt wartet ein Job auf mich.‹ Glauben Sie daran. Stellen Sie sich diesen Job vor, machen Sie sich ein Bild von ihm. Dann gehen Sie hin, und Sie bekommen die Arbeit, und Sie tun sie besser als irgend jemand vor Ihnen. Danken Sie Gott ständig für das, was er für Sie tut. Und Sie machen Ihren Weg.«

Er fand die Stelle, als Kassierer in einem kleinen Restaurant in der Westside, und steckte alles in diese Arbeit, was er konnte. Und das war eine ganze Menge.

Als Hoffnungsloser war er an jenem Tag zu mir gekommen. Er war auf dem Tiefpunkt – eine vorteilhafte Ausgangslage, denn tiefer kann man nicht sinken. Die einzige Richtung, die einem übrigbleibt, ist die nach oben. Er krempelte seine Denkart um, strich das Wort »hoffnungslos« aus und ersetzte es durch Hoffnung und Glauben und positives Denken. Resultat? Er überwand den Alkoholismus. Er stieg an seinem Arbeitsplatz nach und nach bis zum Direktor auf und wurde ein erfolgreicher, glücklicher Mann.

Statt des armseligen, unnützen »wenn bloß« durchlebte er eine lange Reihe anregender »nächster Male«. Der

Denkprozeß, der im Leben von Ken Butterfield die glückliche Wende vollzog, bringt das gleiche im Leben von Herrn oder Frau Jedermann zustande. Übrigens bezahlte Ken jeden Cent des geliehenen Geldes prompt zurück. Und jene sieben schmutzigen Dollarnoten? Eine davon hob er auf, ließ sie einrahmen und hängte sie in seinem Büro an die Wand. Sein wirklicher Name war nicht Ken Butterfield, aber alles andere an der Geschichte stimmt genau. Die Hauptsache ist, daß dieser Mensch endlich glücklich wurde.

Zwei wichtige Gedanken wohnen jeder Besserung, jedem Fortschritt inne. Auf den einen wies mein Freund James R. Knapp hin, als Ruth und ich einmal mit ihm und seiner Frau Sally in Los Angeles zu Abend aßen. Wir unterhielten uns darüber, wie man seine Sache noch besser machen und ein noch höheres Leistungsniveau erreichen kann. Jim sagte: »Ausschlaggebend ist, daß man korrigierend eingreift, wenn etwas falsch läuft.« Das trifft den Nagel auf den Kopf. Wir müssen uns entschließen, etwas erfolgreich zu beenden, was wir gegenwärtig nicht richtig anpacken. Wir müssen sofort korrigierend eingreifen; erst dann können wir anfangen, auf dem Weg zu höheren Leistungen voranzugehen.

Die natürliche Ergänzung zu diesem Vorgehen bildet ein Leitsatz, den ein anderer Freund, der bekannte Philanthrop und Verleger W. Clement Stone, immer wieder betont: »Tu's jetzt gleich!« Diese beiden Gedanken zusammengenommen bewirken bemerkenswerte Veränderungen und Verbesserungen: korrigierend eingreifen, und zwar jetzt gleich.

Man redet oft vom »Timing«, diesem mystischen Moment, in dem alle Elemente genau zusammenstimmen, oder dem plötzlichen Bewußtsein, daß jetzt korrigierend eingegriffen werden muß. Wie aber kann ein Mensch, der sich am Rande des Bankrotts durchwurstelt oder in einem Gefühl der Unzulänglichkeit lebt, mit einemmal ein so sicheres Gespür bekommen für den richtigen Zeitpunkt des Eingreifens?

In gewissen Fällen hat jemand die Kraft, das richtige Timing zu schaffen. Wenn eine Veränderung in Betracht gezogen wird, muß sie richtig sein, vernünftig sein, im Bereich des Möglichen liegen. Die Schritte sind einfach: innehalten, denken, sich etwas vorstellen, beten. Wenn alle Elemente positiv sind, kann man das Timing durch suggestive Lenkung herbeiführen.

Ich habe herausgefunden, daß viele Leute etwas vollbringen, und zwar gut, in ihrem Herzen aber lieber etwas anderes täten. Dann und wann horchen wir erstaunt auf, wenn eine sehr erfolgreiche Persönlichkeit in der Mitte des Lebens plötzlich die Karriere wechselt und in einer neuen Rolle ebenso erfolgreich wird.

Nehmen Sie zum Beispiel William Howard. Wieder muß ich einen erfundenen Namen verwenden, denn dieser Mann ist sehr bekannt. Nur gegen das Versprechen, seine Identität zu verschweigen, bekam ich die Erlaubnis, seine Geschichte zu erzählen. Schon als Bub, in einer Kleinstadt des Mittleren Westens, war er fasziniert von Druckereien und Zeitungen. Er lungerte nach der Schule im Maschinensaal herum, schaute zu, wie die Setzer die Zeitung zusammenstellten, und wartete in freudiger Spannung, bis er das Abendblatt austragen konnte. Als Zeitungsjunge, der auf seiner Tour die Blätter gekonnt auf die Türstufen segeln ließ, träumte er von der Zeit, da er Reporter an einer

Großstadt-Tageszeitung oder Chefredakteur eines Kleinstadtblattes sein würde. Er hatte, wie man sagt, Druckerschwärze an den Fingern, und die läßt sich nie mehr abwischen.

Seine Eltern jedoch hegten andere Pläne für ihn. Er sollte etwas anderes werden. Sie übten zwar keinen Zwang aus, aber er kannte ihre Wünsche, und so kehrte er der Welt der Presse den Rücken und schlug den Weg zu einem völlig anderen Beruf ein.

William Howard erwies sich auch in diesem als überaus tüchtig. Er wurde sogar ziemlich berühmt. Allgemein hieß es, er sei wie geschaffen für diesen Wirkungsbereich, in dem er sich im Verlauf der Jahre auszeichnete. Doch während er älter wurde und in seinem Beruf viel Ehre erfuhr, träumte er im stillen noch immer vom Zeitungswesen. Er machte die Erfahrung, daß gewisse Träume niemals sterben. In seinem Herzen war er ein unerfüllter Zeitungsverleger. Selbst nach vielen Jahren war die Druckerschwärze nicht abgewischt.

Hatte das, woran er dachte, nach so vielen Jahren einen Sinn? Konnte er überhaupt in Erwägung ziehen, alles hinter sich zu lassen, was er aufgebaut hatte, eine brillante Karriere aufzugeben, um zu seinen Jugendträumen zurückzukehren? Er studierte seine Finger. Sie waren ein bißchen knorrig geworden, aber die unsichtbare Druckerschwärze klebte noch daran. Seine erste Liebe lebte stark wie eh und je in seinem Herzen. Monatelang schwankte er. Aber er hatte ja den Wunsch seiner Eltern erfüllt, und sie waren schon lange verstorben. Warum also nicht? Als er eines späten Abends unter den alten Ahornbäumen auf seiner Farm spazierte, faßte er seinen Entschluß. Er vollzog die Wende zurück zu seinen Bubenträumen. Er griff korrigierend in seine Laufbahn ein. »Tu's jetzt gleich!« flüsterte seine innere Stimme. So kam es, daß er seine Lebenskarriere hinter sich ließ und eine neue begann. William Howard kehrte zu den Zeitungen zurück. Und endlich wurde er so glücklich, wie er es in den glücklichen Stunden seiner Jugend gewesen war.

Jeder und jede von uns hat das Recht, finde ich, sein oder ihr wahres Ich im Leben zu finden. Wenn Sie jahrelang einen Drugstore geführt haben, aber eigentlich, sagen wir einmal, Musiker werden wollten, warum nicht umschalten und es versuchen? Oder wenn Sie Musiker sind, aber im Grunde lieber einen Drugstore führen möchten, steht es Ihnen zu, Ihre Träume zu verwirklichen und Sie selbst zu scin. Tiefinnere Träume sollte man im erfüllten Leben nie geringschätzen. Da zweifellos der Schöpfer selbst sie in unser Herz legte, muß man sie mit Respekt behandeln. Bei alledem dürfen wir natürlich unsere Verantwortlichkeiten nicht außer acht lassen.

Mein Cousin Philip Henderson war ein sehr erfolgreicher Pädagoge. Ein paar Jahre lang arbeitete er als leitender Angestellter in Mount Holyoke. Später war er als Präsident des Western College für Frauen in Oxford, Ohio. Sein Vater, mein Onkel Hershel Henderson, war Bau- und Kreditkaufmann, Bankier und Farmbesitzer. Reich geworden, ein führender Geschäftsmann in Highland County, Ohio, wollte er, daß sein älterer Sohn Philip in seine Fußstapfen trete, doch der war nicht aus dem gleichen Holz geschnitzt. Er wurde Student, Denker, Lehrer, und in diesen Tätigkeiten fand er nicht nur Glück und Frieden, sondern auch Erfolg. Sein jüngerer Bruder Howard übernahm die Geschäfte des Vaters und führte sie überaus erfolgreich. Beide hatten offenbar zu sich selbst gefunden – der eine im Erziehungswesen, der andere im Geschäftsleben.

Ich selbst habe das öffentliche Reden zu meinem Beruf gemacht und spreche seit vielen Jahren fast überall vor allen möglichen Versammlungen.

Eines Abends wohnte Philip einem meiner Vorträge in einem großen Saal in Cincinnati bei. Nachher saßen wir gemütlich in meinem Hotelzimmer. Es wurde für mich ein denkwürdiges Gespräch. »Norman«, sagte Philip, »du mußt recht zufrieden sein: Du hast von dieser großen Menschenmenge einen stehenden Beifall bekommen, bevor du gesprochen hast, und einen hinterher. Die Leute mochten dich. Ja, sie fanden dich großartig. Aber willst du wissen, was ich, dein Cousin, der dich ein Leben lang kennt, von deiner heutigen Leistung halte?« (Ich möchte dazu sagen, daß ich ein signiertes Foto von Philip besitze, auf das er geschrieben hat: »Von deinem Cousin und deinem besten Freund«.)

Ich war auf eine offenherzige Bemerkung gefaßt, denn Philip war schon immer ehrlich und geradeheraus. »Ich glaube«, begann er, »du hast nicht alles, was du bist, in diese Rede gelegt. Du bist im Leerlauf gefahren. Du wolltest es einfach hinter dich bringen. Redest du denn nicht wirklich gern?« fragte er. »Ich weiß, du bist völlig aufrichtig, und du glaubst an das, was du sagst, aber die totale Begeisterung kommt nicht durch, weil du irgendwie nicht die rechte Freude am Reden hast.«

Er hatte es genau erfaßt. Ich habe eine Botschaft des positiven Denkens oder positiven Glaubens, von der ich leidenschaftlich überzeugt bin, aber die Kommunikationstechnik macht mir immer Schwierigkeiten. Schriftlich kann ich es besser, vielleicht. Das Reden war stets mühsam und anstrengend für mich, und mit der Zeit entwickelte ich eine sanfte Abneigung dagegen, die Philip nicht entgangen war.

Ich bin sehr froh, einen so guten Freund zu haben, der mich herzlich liebt und daher zu meinem eigenen Besten den Finger auf die wunde Stelle legen kann. Diese Unterhaltung mit meinem Cousin, der mir so nahestand wie ein Bruder, habe ich nie vergessen. Er machte mir klar, daß ich die Menschen lieben mußte, um als Redner effizient zu sein, und daß ich mich auch bemühen mußte, die Abneigung gegen das öffentliche Sprechen loszuwerden. Seit ich versucht habe, eine positivere Einstellung dazu zu gewinnen, bin ich insgesamt glücklicher.

Es ist wichtig, daß wir lieben, was wir tun, daß wir unsere Arbeit mögen. Dann legen wir mehr von uns selbst hinein. Und je mehr wir von uns selbst hergeben, desto mehr gibt uns das Leben zurück. »Liebe das Leben, und es liebt dich wieder«, hat einmal jemand gesagt. Lassen Sie mich also Ihr Freund sein. Wenn Sie, wie mein Cousin sagte, »im Leerlauf fahren«, dann halten Sie an, und bemühen Sie sich, sich wirklich ganz zu geben. Je mehr Sie das tun, desto tiefer wird inneres Glück Sie durchströmen. Das Allerwichtigste ist schließlich, daß Sie sich selber finden, sich kennenlernen, an sich glauben und sich hingeben. Dann, und nur dann, wird Ihr Leben das, was es sein soll: Tag für Tag ein herrliches, befriedigendes Erlebnis.

Wenn ich über das Glück nachdenke, das ich erlebt habe, dann scheint mir, daß es mir immer dann in seiner stärksten und schönsten Form widerfuhr, wenn mir jemand eine Freundlichkeit erwies oder ich jemandem eine Freundlichkeit erweisen konnte. Ich schließe daraus, daß empfangene und geschenkte Güte Grundfaktoren des Glücks sind. Erinnern Sie sich an kleine freundliche Begebenheiten, und Sie werden bemerken, daß sie, auch wenn sie weit zurückliegen, noch immer ein Glücksgefühl zu erzeugen vermögen.

Ich werde den Morgen nie vergessen, an dem ich die Nachricht bekam, daß meine Mutter gestorben war. Ich war niedergeschmettert. Zuerst wollte ich ein Engagement für diesen Abend an der Jersey-Küste absagen. Aber meine Mutter hatte uns Kinder immer gelehrt, durchzuhalten und unseren Verpflichtungen nachzukommen. Schweren Herzens bestieg ich den Zug. Als ich aus dem Fenster starrte und an das Leben mit ihr von frühester Kindheit an dachte, spürte ich plötzlich eine Hand auf meiner Schulter. Es war ein alter Freund, Oberst Myron Robinson.

»Wohin fährst du?« fragte ich.

»Ach, ein paar von uns machen ein Strandpicknick unten in Cape May.« Er war zu jener Zeit Assistent des Gouverneurs von New Jersey. Er setzte sich neben mich. Nach einiger Zeit schien er etwas zu vermissen, denn er fragte: »Was ist los? Du scheinst nicht so guter Dinge zu sein wie sonst.« Da sagte ich ihm, daß Mutter tot war. Er legte wortlos seine Hand auf mein Knie, blieb still sitzen und stieg zu meiner Überraschung an meiner Haltestelle mit aus. »Eigentlich mag ich Strandpicknicks überhaupt nicht«, sagte er. »Wenn es dir nichts ausmacht, möchte ich deinen Vortrag anhören.«

Myron blieb den ganzen Tag mit mir zusammen. Als wir wieder in der New Yorker Penn-Station ankamen, sagte er: »Ich muß jetzt weg.« Dann fügte er hinzu: »Du hast mir ein paarmal über schwierige Dinge hinweggeholfen, mein Junge. Ich mag dich gern, und ich weiß, wie dir wegen deiner Mutter zumute ist.« Er klopfte mir auf den Rücken und wandte sich zum Gehen, aber ich bemerkte Tränen in seinen Augen.

Myron hatte an diesem Tag nicht viel gesagt. Lange Zeit später gestand er mir einmal: »Weißt du was? Jedesmal, wenn ich an den Tag denke, den wir miteinander verbrachten, habe ich ein glückliches Gefühl.« Natürlich hatte er das, denn er schenkte ein Stück von sich einem Freund, der sich seiner stets als eines der gütigsten Männer erinnern wird. Er lebt nicht mehr, aber ich werde ihn nie vergessen. Er gab mir Trost und Ruhe, indem er mich einfach Liebe spüren ließ. Selbst im Leid begann das Glück zurückzukehren.

Während ich dieses Kapitel schreibe, sind Ruth und ich zu einem Besuch in Hongkong. Kürzlich gingen wir in einer drängenden Menschenmenge über eine hohe Überführung und gelangten zu der steilen Treppe, die zur Straße hinunterführt, als ich plötzlich stolperte und fiel. Ruth, die sich an meinem Arm festhielt, wurde mit hinuntergerissen. Hunderte kamen in der eiligen Menge an uns vorbei, aber obwohl wir uns abmühten, wieder auf die Füße zu kommen, half uns niemand, bis auf einmal die sanfte Stimme einer jungen Chinesin sagte: »Lassen Sie mich helfen, Sir.« So zierlich sie war, stand sie uns beiden kräftig bei und ließ sich dann nicht davon abbringen, uns bis an den Fuß der steilen Treppenflucht zu eskortieren.

Wir versicherten mehrfach, daß es schon wieder gehe, aber sie wich uns nicht von der Seite, bis sie dessen sicher war. »Sie sind sehr freundlich«, sagte ich, worauf sie erwiderte; »Wissen Sie, es macht mir Freude, zu helfen.«

Ich bemerkte, daß dabei ein glücklicher Ausdruck auf ihrem Gesicht lag.

Da es offenbar glücklich macht, jemandem zu helfen, folgere ich daraus, daß Sie Ihr Glück vergrößern können, indem Sie einfach die Zahl Ihrer guten Taten erhöhen. Wenn Ihnen das gelingt, wird das Glücksgefühl schließlich fast zum Dauerzustand. Und diese Entdeckung ist auch wieder ein Glück.

Recht unfreiwillig trug ich auf den Straßen von New York zum Auftakt eines glücklicheren Lebens eines Fremden bei, als ich bei einer früheren Gelegenheit ebenfalls den Halt verlor. Nach einem Kälteeinbruch waren die Straßen dick vereist. Um meinen täglichen Fußmarsch von drei bis vier Kilometern zu absolvieren, ging ich zu Fuß in mein Büro an der Fifth Avenue. Auf einer Kreuzung rutschten mir auf dem Glatteis plötzlich die Füße weg, ich schlitterte auf dem Rücken quer über die Kreuzung und landete bäuchlings im Rinnstein. Ich kann mir keine hilflosere Lage vorstellen, als so übers blanke Eis zu glitschen.

Dann beugte sich ein junger Mann über mich, der einen Parka trug. Er zog mich auf die Füße und führte mich auf den Gehsteig. Besorgt fragte er, wie ich mich fühlte, ob ich nichts spürte, das auf gebrochene Knochen hinweise. Ich versicherte ihm, daß mir nichts fehle, und dann gingen wir gemeinsam weiter. Bei der nächsten Querstraße sah ich, daß hier ebenfalls Glatteis war. Der junge Mann nahm meinen Arm, und wir kamen heil über die Kreuzung. »Sie kommen mir bekannt vor«, sagte er. »Wie heißen Sie?« Als ich meinen Namen nannte, lachte er leise. »Das wird etwas werden, wenn ich meinen Freunden erzähle, ich hätte Norman Vincent Peale in der Gosse aufgelesen!«

Nach dieser fröhlichen Neckerei trennten wir uns, und ich spürte, daß es für uns beide eine glückliche Episode war.

Sehr oft entziehe sich das Glück Menschen, die seelisch unausgeglichen oder voller Angst sind. Angst ist eine dunkle, völlig irrationale, manchmal niederdrückende Erwartung, es werde etwas Schlimmes geschehen. Lang anhaltende Angst beeinträchtigt die Denkvorgänge dermaßen, daß ein Glücksgefühl gar nicht aufkommen kann. Und heutzutage nimmt die Angst so überhand, daß ein bekannter Psychiater sie »die moderne große Seuche« genannt hat.

Eine ruhige, feste Geisteshaltung ist wesentlich, wenn man glücklich sein will. Und für das Erreichen dieser heiteren Gelassenheit ist die Zuversicht, die aus dem Glauben kommt, sehr wichtig. Es ist für mich eine feststehende Tatsache, daß dort, wo der Glaube schwach, die Angst verhältnismäßig stark ist; wo aber der Glaube stark ist, stellt die Angst kaum ein Problem dar. Wie es in der Bibel steht: »So ihr Glauben habt wie ein Senfkorn ... wird euch nichts unmöglich sein« (Matth. 17,20). Wenn Sie wissen, daß Sie mit allem fertigwerden können, das auf Sie zukommt, dann haben Sie alle Voraussetzungen, ein heiterer, glücklicher Mensch zu sein. Und wenn Sie das Glück anstreben, dürfen Sie sich nicht von Angst beherrschen lassen.

Wie gelangt man denn zu dieser Art Zuversicht, die einen von Furcht, Sorge und Angst befreit? Fangen Sie an, zuversichtlich zu denken, sich Zuversicht zu bestätigen und auf der Basis von Zuversicht zu handeln. Wenden Sie das »Als-ob«-Prinzip an, das ist nämlich sehr stark. Wenn

Sie handeln, als ob Sie zuversichtlich wären, gewöhnt sich Ihr Bewußtsein an den Gedanken, Sie seien es tatsächlich, und dann werden Sie es auch. Ich gab diesen Rat einst einem New Yorker Geschäftsmann, und er verhalf ihm zur Überwindung eines Zusammenbruchs und zu völliger Genesung. Er hatte die Fähigkeit zu glauben, die seelische Kraft, eine positive Idee aufzugreifen und sich an sie zu halten.

Die Frau dieses Mannes hatte mich gebeten, ihn zu besuchen, nachdem sein Arzt ihr gesagt hatte, man halte die Krankheit für seelisch bedingt. Der Arzt meinte, die Furcht habe den Mann so eingeschnürt, daß er wirklich krank geworden sei: Er hatte Angst, panische Angst vor einem Herzinfarkt. Anlaß dazu war der plötzliche Tod von drei Geschäftsfreunden, die zufällig alle in den späten Vierzigern waren, also ungefähr in seinem Alter.

Auf einmal fing er an, sich selbst als nächstes Opfer eines solchen tödlichen Herzanfalls zu sehen. Er bekam eine Angstneurose. Trotz der Versicherung der Ärzte, sein Herz sei gesund und es lägen keinerlei Anzeichen irgendwelcher Probleme vor, rief seine Furcht starke gegenteilige Reaktionen hervor.

Bevor ich den Patienten besuchte, sprach ich mit dem Arzt, und dabei zitierte ich die Worte aus Hiob 3,25: »Denn was ich gefürchtet habe, ist über mich gekommen.«

Der Arzt nickte: »Das ist richtig. Man kann etwas so stark befürchten, daß man den befürchteten Zustand tatsächlich erzeugt oder ein ähnliches Ergebnis herbeiführt«, sagte er.

»Wie kann man dem entgegenwirken?«

Er dachte nach. »Stellen Sie dieser biblischen Feststellung eine ebensolche Wahrheit entgegen: Auch das, woran ich stark glaube, kann über mich kommen. Mit anderen Worten, wenn Furcht krank machen kann, dann vermag ein starker Glaube gesund zu machen. Verschreiben wir also«, schloß er, »unserem Patienten Glauben.« So wenden wir beide, der Doktor der Medizin und der Doktor des Geistes, jeder auf seine Weise eine heilsame Therapie an.

»Ich fing an, den Glauben in gewaltigen Dosen einzunehmen«, beschrieb der Mann später seine veränderte Einstellung. Es war nicht leicht, denn Furcht ist schwer auszurotten. Aber Glaube ist stärker als Angst, und wenn jemand so entschlossen ist wie er, die zerstörerische Furcht loszuwerden, wird er schließlich gesund. Er wurde ein regelmäßiger Bibelleser, und er fand eine Stelle, die er mit seiner Heilung in Verbindung bringt: »Da ich den Herrn suchte, antwortete er mir und errettete mich aus aller meiner Furcht« (Psalm 34,5) »Daran glaube ich«, sagte er, »und das hat mir geholfen. Endlich habe ich das Glück gefunden.«

Die Einstellung hat soviel damit zu tun, ob wir glücklich sind oder nicht, daß ich in allen meinen Büchern das positive Denken hervorgehoben habe. Der verstorbene William Lyon Phelps, ein berühmter Englischprofessor an der Yale-Universität, pflegte zu sagen: »Der ist der Glücklichste, der die glücklichsten Gedanken hegt.« Es ist wahr, daß unsere Gedanken bestimmen, ob wir im Leben unglücklich oder glücklich sind. Wir schaffen die Welt, in der wir leben, in unserem Geist. Daraus folgt, daß, wenn wir dauerndes Glück erreichen wollen, wir die Gedanken pflegen müssen, die Glück erzeugen. Wenn wir gefährliche, häßliche Gedanken nähren und uns Einstellungen leisten, die nichts mit Freundlichkeit und Großmut gemein haben, dann entwickeln wir uns zu unglücklichen Menschen. Wir werden in hohem Maße den Gedanken gleich, die uns normalerweise bewegen.

Wie schon erwähnt, schreibe ich dieses Kapitel in der Stadt Hongkong, wo ich im Auftrag der Zeitschrift *Guideposts* zu tun habe. Ich erinnere mich an einen Mann, den ich vor Jahren hier in einem Hotelaufzug kennenlernte. »Sind Sie Norman Vincent Peale?« fragte er, und als ich bejahte, sagte er, er habe meine Bücher gelesen und würde sich gern mit mir verabreden, um über ein persönliches Problem zu sprechen.

Als ich mich später mit ihm traf, erzählte er, daß er Fernostvertreter eines Geschäftes in den Vereinigten Staaten war. Obwohl er es zu einer guten Stellung in diesem Geschäft gebracht hatte und eigentlich ein glücklicher Mensch hätte sein müssen, war er ganz und gar nicht glücklich. Im Gegenteil, er fand alles »ziemlich widerlich«. Ob ich ihm irgendwelche kreativen Vorschläge machen könne. Er wäre gern ein positiver Mensch, der etwas Glück in sein Leben brächte.

Um mir über die Art seines Denkens ein Bild machen zu können, brachte ich ihn zum Reden. Es stellte sich heraus, daß er eine Unmenge Abneigungen hatte, gegen Personen, Gruppen, Geschäftsorganisationen. Viele davon waren Leute, die er gar nicht kannte, und Organisationen, zu denen er keinerlei Kontakt hatte. Zum Beispiel konnte er verschiedene Detailgeschäfte nicht ausstehen, die er »selbstgefällige ausgestopfte Hemden« nannte. Ich fragte, ob er die Geschäftsführer persönlich kenne, und er gestand, daß er nicht einmal wußte, wie sie heißen. Ähnliche Gefühle hegte er für die Zeitung *New York Times,* bei deren Lektüre er sich »nicht einmal tot erwischen lassen würde«. Bestimmte Leute, deren Namen oft in der Presse erschienen, waren ihm unsympathisch, obwohl er auch sie nicht persönlich kannte. Er war ein Opfer starker Abneigungen, die an Haß grenzten und allesamt völlig irrational waren.

Mir wurde klar, daß er in Wirklichkeit sich selbst nicht besonders gut leiden konnte. Noch während unserer Unterhaltung dachte ich, daß er wahrscheinlich dem nächsten Menschen gegenüber, mit dem er über sein Problem diskutierte, ebenso seine Abneigung gegen *mich* äußern würde. Er war rührend durcheinander, neidisch, ablehnend, ohne jedes Verständnis und Mitgefühl für Menschen, ohne Achtung vor der Persönlichkeit des andern.

Ich schlug ihm vor, seine Gedanken an die Kandare zu nehmen und sich Anerkennung und Respekt für alle Leute anzugewöhnen, sich dazu zu erziehen, immer das Gute zu sehen. Ferner riet ich ihm dringend, in den zwischenmenschlichen Beziehungen seine Einstellung zu ändern. Nur dann könne er jene Qualität der menschlichen Achtung entwickeln, die in seinem Inneren den Geist des Glücklichseins zu erzeugen vermöge. Er fühlte sich so sehr unglücklich, daß er bereit war, sich jedem vernünftigen Programm zu unterziehen. Ich entwarf einen Plan zur »Umkehr der Gedanken«, der sich als wirksam erwies.

1. Er sollte nach den guten Punkten an den Detailgeschäften und an der *New York Times* suchen. Er hatte etwas eindeutig Gutes an den Organisationen herauszufinden, die er haßte, und nur dann über sie zu reden, wenn er das Positive herausstreichen konnte.

2. Wenn er eine unbegründete Abneigung gegen Personen verspürte, sollte er sie bewußt mit allen guten Eigenschaften ausstatten, die sie zweifellos besaßen.
3. Er sollte vorsätzlich, mit Hilfe von Gedankenschwingungen, gute Vorstellungen ausstrahlen, um die Abneigungen aufzuheben, die er bisher so freigebig geäußert hatte.
4. Er sollte die guten Eigenschaften Respekt, Mitgefühl und Wohlwollen gegenüber allen Mitmenschen entwickeln.
5. Er sollte daran glauben, daß er über das Programm der geistigen Heilung seiner Gedanken ein anteilnehmender, edelmütiger Mensch werde.

In den darauffolgenden Jahren berichtete er mir ab und zu von seinem »Persönlichkeits-Umbau«, wie er es nannte, an dem er aufrichtig arbeitete. Vor kurzem schrieb er: »Ich glaube, ich bin jetzt mit Gottes Hilfe ein anderer Mensch als der, mit dem Sie in Hongkong gesprochen haben. Und«, fügte er zu meiner Freude hinzu, »ich werde wirklich endlich glücklich.«

Am besten faßt das alles wohl der große deutsche Philosoph Immanuel Kant (1724-1804) zusammen, der sagte, es sei Gottes Wille, daß wir nicht bloß glücklich sein, sondern uns glücklich machen sollen.

Band 66365

Norman Vincent

Das Abenteuer des Lebens

Mehr Freude und Begeisterung durch positives Denken

Das Leben kann jeden Tag ein wunderbares Abenteuer sein, denn Freude und Begeisterung sind erlernbar, und sie sind grundlegende Bestandteile eines guten Lebens. Wie Daseinsfreude und Begeisterung erlernt und gepflegt werden können, zeigt Norman Vincent Peale in diesem Buch. Er verbindet seine tiefen Überzeugungen mit jenen der Dichter und Denker der Weltgeschichte und zugleich mit dramatischen Begebenheiten aus dem Alltag, die drastisch aufzeigen, wie positives Denken das Leben verändern kann.
Seine Thesen lauten: Glaube daran, daß du das Unmögliche tun kannst. Versuche zu lachen, wenn deine Lebensumstände dich eher zum Weinen bringen. Handle so, als wenn du die Qualitäten besäßest, von denen du meinst, daß sie dir fehlen. Öffne deine Tür für fröhliche und begeisterungsfähige Leute. Denk ab heute positiv. Sag ja zum Leben!

BASTEI LÜBBE